信息化时代下财务会计工作创新研究

关 娜 姚 宇 杜 文 著

哈尔滨出版社

HARBIN PUBLISHING HOUSE

图书在版编目（CIP）数据

信息化时代下财务会计工作创新研究 / 关娜，姚宇，
杜文著 . -- 哈尔滨 : 哈尔滨出版社，2023.1

ISBN 978-7-5484-6569-0

Ⅰ . ①信… Ⅱ . ①关… ②姚… ③杜… Ⅲ . ①财务会
计 Ⅳ . ① F234.4

中国版本图书馆 CIP 数据核字（2022）第 100159 号

书　　名：**信息化时代下财务会计工作创新研究**
XINXIHUA SHIDAIXIA CAIWU KUAIJI GONGZUO CHUANGXIN YANJIU

作　　者：关 娜 姚 宇 杜 文 著
责任编辑：张艳鑫
封面设计：张　华

出版发行：哈尔滨出版社 (Harbin Publishing House)

社　　址：哈尔滨市香坊区泰山路 82-9 号　邮编：150090

经　　销：全国新华书店

印　　刷：河北创联印刷有限公司

网　　址：www.hrbcbs.com

E - mail：hrbcbs@yeah.net

编辑版权热线：（0451）87900271　87900272

开　　本：787mm×1092mm　1/16　印张：10.5　字数：230 千字

版　　次：2023 年 1 月第 1 版

印　　次：2023 年 1 月第 1 次印刷

书　　号：ISBN 978-7-5484-6569-0

定　　价：68.00 元

前　言

　　由于信息技术自身的数据处理能力较强，所以在多个领域都得到了广泛应用。随着信息技术水平的显著上升，应用范围也越来越广泛。当前我国已经逐渐进入信息化时代，其对包括财务会计工作在内的多个岗位都产生了显著影响，财务会计通过合理应用信息技术，能够使自身的工作效率显著提升，还可以更好地保证财务核算的准确性。但我国财务会计工作在实际应用过程中尚存在诸多问题，对于自身职能的发挥产生严重阻碍，所以本节阐述我国财务会计工作，并探讨相关措施，促进信息化时代下企业财务会计工作的发展创新。

　　传统的会计行业在信息化时代已经无法较好地适应市场经济的竞争环境，传统财务会计人员自身的专业技能与职业素养也无法有效地满足时代发展需求。但财务会计在企业资产管理过程中作用重大，所以必须要结合当前时代特点，积极创新财务会计工作，有效保证财务安全，促进企业的健康发展。

　　财务会计工作的创新较为复杂，企业财务管理人员在工作过程中，必须要能够充分认识到创新财务会计工作的重要意义，并结合当前企业普遍存在的现有财务会计工作不具备配置资源优势、受电子商务行业的强烈冲击及会计信息披露等方面的问题，合理采取措施，促进会计信息的信息化发展，提升会计信息质量，强化财务会计法制建设工作，提高执行力度，加强企业的内部监督控制工作，构建完善的内部审计制度，加强建设财务会计工作队伍，强化财务会计人员的职业道德与专业素养，从多个角度入手，实现财务会计工作的创新发展，强化企业信息化建设工作，促进企业的健康、稳定发展。

目 录

第一章 会计学

第一节 会计学若干理论问题

任何一门科学的建立，都有其独特的理论体系，不然就不能称其为科学。会计学亦是如此。其通过对各种财务活动、财务报表等的收集、整理、分类与分析，为相关单位的经济发展战略的制订提供了较为详细的参考数据，这些都基于它本身较为系统的理论体系。不过也应看到，会计学在开始建立时，其自身的理论体系并没有十分严密和完整，它是在之后的生产发展中日趋完整起来的。下文仅就会计学的几个基本理论问题加以探讨。

随着社会经济的发展、对会计学方面理论知识需求的加大，构建一个严谨且完善的会计学理论体系已经成为该学科研究中的重要工作，因而需要相关工作人员加强对会计学的相关理论的综合探究，从而总结出较为合理的研究结果，进而为整个会计学理论体系的构建贡献才智。

一、概念问题

每门科学都应有自己特定的概念，以区分与其他科学的不同。但会计的概念却备受争议，说法不一。参考某些比较经典的出版著作和教材中对会计所下的定义，我们可以将会计的概念分为以下几类：①"工具类"。单位发展过程中运用会计学相关知识与核算方法对其相关的经济活动进行全面系统的记录和计算，而最终通过相应的财务报表将单位一段时间的经营状况进行汇总与分析，为单位在不同方面的具体管理提供参考依据。②"方法类"。单位经济发展多以货币交易为主，通过对账簿进行计算等方式进行具体的经济活动。③"综合类"。这种概念的支持者认为会计学既是单位经济管理的工具，又是单位进行核算的方法，是两者的兼并与融合。④"管理类"。这类说法始于 20 世纪 80 年代，一些会计学术论述中认为会计"属于管理范畴，是人的一种管理活动"。

当然，除了以上四种比较主流的解释之外，还有许多关于会计的概念，在此不再一一列举。笔者认为，我们对会计所做的定义不能一概而论，要区分其产生和发展的不同历史时期。会计是随着管理的需要而产生的，也是随着生产的发展而发展的。纵观整个会计发展史，就会发现会计学的发展史其实就是其自身从雏形到精细、从粗浅到完善的"蜕变史"。而会计的概念也是在这些"蜕变"过程中不断发生变化的。据文字记载，早在我国的周朝时期，国家机器就已经专设了管理全国钱粮会计的官吏，产生了所谓的"大宰""司会"等称谓。《十三经注疏·周礼天官篇注疏》也明确指出："司会主天下之大计，计官之长，以参互考日成，以月要考月成，以岁会考岁成之事。"这时，"会计"的意思就只是计算。后来，随着生产的发展，会计的含义也发生了很大的变化，它不仅对经济现象进行计算，还对经济活动进行监督、控制、预测和决策。在当今社会主义社会中的会计就是以货币作为主要计量单位，然后对社会再生产过程中的资金运动进行连续、系统、完整、综合的反映、监督、控制、预测和决策的经济管理的一门科学。

二、对象问题

会计学的研究对象是引导当今研究人员确定正确研究方向的基本保障，但业界学者对这个问题确实是众说纷纭、各执一词。尽管说法不一，但总结起来可分为以下几类：①"运动论者"，持有这种观点的学者强调，会计主要是针对社会经济发展中的资金流动问题进行研究，因而其主要研究对象是社会再生产过程中的资金运动问题。②"经济活动论"，主要兴盛于20世纪五六十年代。持有这种观点的学者认为，会计以货币为表现形式参与到社会不同性质单位的生产发展中，且其为各单位的生产经营活动提供了强大的资金支持，因而其主要研究对象是行政单位在社会主义再生产过程中能够用货币表现的经济活动。③"信息论"，持这种观点的研究人员认为，会计以账簿为表现形式详细地记录着单位的每一笔经济活动和财务收支情况，这些财物收支报表为单位一段时间内的经济决策等提供了有力的信息，因而会计学研究的对象就是社会主义再生产过程中的信息。

笔者认为，在不同历史时期和不同社会性质中，会计的对象也是不同的。在研究会计学的研究对象时，我们应从发展、变化的观点来确定会计的对象，绝不能概而统之。在原始社会时期，人们以狩猎采摘维持生存，并不存在商品贸易，所以也没有货币的概念，在这个时期，会计处于萌芽阶段，只有通过"结绳记事"来反映人们的劳动获取和劳动消耗。这一时期，会计核算的对象只能是使用价值，绝不能说是资金运动或是其他。到了奴隶社会以后，出现了商品贸易和早期货币。这一时期，会计的核算对象由最初的使用价值变成了价值运动。至于在当今的社会主义和资本主义社会中，由于社会性质的不同，会计的对象也不尽相同。在资本主义社会中，资本家私人占有生产资料，其生产目的是榨取人民的劳动成果，从而获取剩余价值。在这样的生产关系下，资本家为了让剩余价值得到最大化，于是使投入生产经营后的资本发生无限的资本运动。所以，在资本主义社会，会计的研究对象就是资本运动。相反地，在社会主义社会中，生产资料实现了公有制，生产目的是最大限度地满足人民日益增长的物质文化生活的需求，这时投入生产中的价值，就不再是资本，而是资金。因此，社会主义会计的对象就是资金运动。

三、属性问题

与会计的概念一样，一直以来会计属性问题都是我国会计学研究者重点探究的问题之一。虽然学者对此问题争论不休，但综合起来也不外乎这样三种观点：①"社会科学属性"。因为会计学是研究社会再生产过程中人与人之间的相互关系的，而人，作为经济活动的主体，似乎并不能被归属为自然属性的范畴中。因而被一部分学者归为社会科学这一属性中。这叫"生产关系论者"。②"自然属性"。该观点认为会计是纯技术性的一门自然科学，不具有任何社会属性，这叫作"生产力论者"，其与第一种观点针锋相对。③"双重属性"。该观点折中地认为会计是一门既属于社会科学，又属于自然科学，具有"双重属性"的科学，持这种观点的学者又被称为"二重性论者"。

笔者认为，会计的属性从某种程度上讲是由会计的概念所决定的，在不同的历史时期，会计有着不同的属性。早期的会计只是"生产职能的附属部分"，因此这个时期的会计只能属于自然科学。但是随着生产的发展，会计"从生产职能中分离出来，成为特殊的、专门委托的当事人的独立的职能"（马克思《资本论》）。这一时期，会计就成为一门以自然科学为主，同时又带有社会科学性质的经济管理科学。

总之，会计是与社会经济密切相关的一门科学，只有弄清了会计的概念、对象、职能、属性等若干基本理论问题，加大对整个会计学的研究力度，才能为我国会计学理论体系的完善和构建提供帮助。

第二节　环境会计基本理论

环境会计是会计领域一门新型的交叉学科，关于环境会计的概念、假设、计量、报告及记录等是研究的核心问题。通过对其相关内容的梳理，提出具有实践性的观点、程序、方法，希望能对今后的研究、实际操作提供理论上的支撑。

一、环境会计

英国《会计学月刊》1971年刊登了比蒙斯撰写的《控制污染的社会成本转换研究》，1973年刊登了马林的《污染的会计问题》，自此揭开了环境会计研究的序幕。1990年Rob Gray的报告《会计工作的绿化》，是有关环境会计研究的一个里程碑，它标志着环境会计研究已成为全球学术界关注的中心议题。

环境会计是以环境资产、环境费用、环境效益等会计要素为核算内容的一门专业会计。环境会计核算的会计要素，采用货币作为主要计量单位，采用公允价值计量属性，辅之以其他计量单位及属性完成会计核算工作。但环境会计货币计量单位的货币含义不完全是建立在劳动价值理论基础上的。按照劳动价值理论，只有交换的商品，其价值才能以社会的必要劳动时间来衡量，对于非交换、非人类劳动的物品，是不计量的，会计不需对其进行核算。然而这些非交换、非人类劳动的物品有相当部分是环境会计的核算内容，因此，环境会计必须建立能够计量非交换、非劳动物品的价值理论。

二、环境会计假设

（一）资源、能源的价值

资源是有限的，越开采就越少。生态资源的有限性决定了人类不能无限制的开采，对已被过度耗费的存量资源要进行不断的补偿。生态资源的有限性还决定了要用一定的方法对生态资源的存量、流量进行测算、计量、评估、对比等。

（二）国家主体

生态环境资源应当看成是整个社会的权益，这是由生态资源的特点所决定的。任何生态资源都既对当地产生影响又对全局产生影响。由于生态资源地理属性和发挥其作用的迁移性，使其对生态资源开采的影响、生态成本的补偿、生态收益的确认都大大超过了地理属性的范围，使环境会计的空间范围大大扩展，并呈现出宏观会计的显著特点。

（三）资源循环利用

按照生态规律利用自然资源和环境容量，倡导对物质不断循环利用，实现经济的可持续发展。运用生态学规律，将人类经济活动从传统工业社会"资源→产品→废弃物"的物质单向流动的线性经济，转变为"资源→产品→再生资源"的反馈式经济增长模式。通过物质循环流动，使资源得到充分的利用，把经济活动对自然环境的影响降到尽可能低的程度。

（四）价值等多种计量

传统会计要素都以货币进行计量。环境会计却不能被限制只用货币作为计量单位来反映生态资源状况，用货币计量反而不能说明问题。但在财政转移支付量上、对生态建设的项目投资上，却又不能不用货币计量。困难的是如何把这两种计量统一在环境会计的核算体系中，如何使两者在需要的时候进行转换。

三、环境会计的确认与计量

环境会计要素的确认和计量是环境会计研究的难点。环境会计的计量可以建立在边际理论与劳动价值理论相结合的基础上，对于包含劳动结晶的环境要素，按劳动价值理论建立计量方法、计量法则，按边际价值理论建立的计量方法计量。围绕环境会计中的确认问题，分析环境会计要素确认的特殊性，重点研究单位环境会计中的资产、负债、成本等会计要素的确认问题。

（一）环境负债的确认与计量

单位环境负债是指由于过去或现在的经营活动对环境造成的不良影响而承担的需要在未来以资产或劳务偿还的义务。它是单位承担的各种负债之一，具有单位一般负债的基本特征，同时也有自己的特殊表现。按照对环境负债的把握程度，可以把环境负债分为确定性环境负债和不确定性环境负债。

1. 确定性环境负债的确认与计量

确定性环境负债是指单位生产经营活动的环境影响引发的，经有关机构做出裁决而应由单位承担的环境负债。其主要包括排污费、环境罚款、环境赔偿和环境修复责任引发的环境负债。

环境责任使环境负债的确认和计量是很简单的，如排污费、环境罚款和环境赔偿，通常是由环境执法部门或司法程序确定。这些环境负债的计量也很简单，直接根据环境执法机构的罚款金额或法院裁定的金额进行计量。相反，有些责任的认定和负债的计量是复杂的和不确定的，如环境修复责任的认定及其导致的环境负债的计量。对于法律、法规强制要求性的环境修复责任，单位可以按照相关规定的提取比例和提取标准进行计量。对于单位自律性环境修复责任，可以根据单位决策机构或专业咨询机构的测定，考虑单位自身的承受能力，均衡单位社会责任、社会环保形象、环保目标等诸多因素综合确定提取的标准和提取比例。在单位持续经营过程中，提取的比率和金额也可能是不断变化的。引发这种变化的可能是多种原因，如单位承受能力的增强和单位形象的更慎重考虑，单位可能提高提取比例；还有对环境修复费用的重新测定或评估，导致对环境修复责任的判断发生变化；单位环保目标的修正等。

2. 非确定性环境负债的确认与计量

非确定性环境负债也称为或有环境负债，是指由于单位过去生产经营行为引起的具有不确定性的环境责任。在过去的单位会计业务中，人们很少关心单位环境责任引发的潜在环境责任承担问题，只有在切实遭受环境处罚和赔偿时，才作为一项营业外支出项目处理。这种处理方式缺乏稳健性，所提供的信息也是不完善的。单位环境会计应当借鉴或有负债的理论与实践来处理环境影响责任问题。如果环境责任发生，且其导致的损失金额可以合理地予以估计，则计提或有损失。

（二）环境资产的确认与计量

1. 环境资产界定

目前在资源环境经济理论界与会计学界对此看法并不一致，形成了下述三种主要看法：

（1）从环境会计的定义或其研究对象出发所推论的环境资产。对环境资产的认识，有的学者是在环境会计的定义或其研究对象中予以界定的。学者对环境会计的定义或其研究对象认识的不同导致了其所界定的环境资产也不同。如英国邓迪大学的格雷认为，环境会计中的环境资产是人造环境资产和自然环境资产。孙兴华等人认为，环境会计的对象是全部自然资源环境。王冬莲等人认为，在环境会计中把自然资源和生态环境确认为资产，实行自然资源和生态环境的有偿耗用制度。由此可见，其所指的环境资产包括自然资源资产和生态环境资产。

（2）从宏观角度直接定义的环境资产。从宏观角度直接定义环境资产的权威当数1993年联合国环境经济一体化核算体系和联合国国民经济核算体系中给环境资产所下的定义，不过二者对环境资产的定义还是存在差别的。

联合国国民经济核算体系认为，只有那些所有权已经被确立并且已经有效地得到实施的自然产生的资产才有资格作为环境资产。为了符合环境资产的一般定义，自然资产不仅必须要被所有人拥有，而且如果给定技术、科学知识、经济基础、可利用资源及与核算日期有关的或在不久的将来可预料到的一套通行的相对价格，它还能够为它们的所有者带来经济利益。不满足上述标准的被划在联合国国民经济核算体系的环境资产范围之外，特别是所有权不能被确立的环境资源，包括空气、主要水域和生态系统等，因为这些环境要素非常巨大、无法控制，以至于不能对其实施有效的所有权。

（3）从微观角度直接界定的环境资产。从微观角度对环境资产直接进行界定也因有关组织机构或学者的认识不同而给出了不同的定义。联合国国际会计与报告标准政府间专家工作组认为，环境资产是指由于符合资产的确认标准而被资本化的环境成本，是从微观单位的角度对其所发生的与环境有关的成本因符合资本化条件而被资本化的部分。

2. 环境资产的确认与计量依据

对环境资产的确认，实质上就是要判断由于过去的交易或事项产生的项目是否应当以环境资产的形式计入单位财务报表的过程。以什么标准作为基本依据来确认环境资产，是我们研究环境资产确认问题时必须明确的一个问题。美国财务会计准则委员会对资产确认的一般定义可以作为确认环境资产的基本依据。在 FASB 第 5 号财务会计概念公告中，对单位一般资产的确认提出了可定义性、可计量性、相关性和可靠性四条普遍适用的具体确认标准，这些标准是我们研究环境资产确认条件的基本理论论据。

一个项目是否应确认为单位的环境资产必须同时满足以下四个条件：

第一，符合定义。对于单位发生的成本只有符合这一环境资产的定义才可确认为单位的环境资产。

第二，货币计量。对于单位发生的不能用货币计量的有关活动或事项就不能确认为单位的环境资产。

第三，决策相关。只有与信息使用者决策相关的有关环境成本的资本化才能确认为单位环境资产。

第四，可计量性。由于单位环境资产是单位环境成本的资本化，而环境成本往往是单位付出了一定的代价的。因此，对单位环境资产取得时，其价值可以按所花代价进行计量。这种计量是有据可查的、可验证的，因此其计量结果应当是相当可靠的。否则，就不能确认为单位环境资产。

综上所述，只有那些单位发生的环境成本中同时符合环境资产要素的定义、可用货币计量、与使用者的决策相关和能够可靠的计量等确认标准的项目才有可能被资本化，确认为环境资产。

3. 环境资产的确认与计量方法

（1）增加的未来利益法，即导致未来经济利益增加的环境成本应资本化。这是从经济角度考虑的，不过，对于污染预防或清理成本，在被认为是单位生存绝对必要的条件时，即使它不能够创造额外的经济利益，也应予以资本化。

（2）未来利益额外的成本法，即无论环境成本是否带来经济利益的增加，只要它们被认为是为未来利益支付的代价时，就应该资本化，这是从可持续发展的角度考虑的。

（三）环境成本的确认与计量

环境成本与传统单位成本相比，具有不确定性，但仍能根据相关法律或文件进行推定。在目前的会计制度体系中，在权责发生制原则下，环境成本应满足以下两个条件：

第一，导致环境成本的事项确已发生，它是确认环境成本的基本条件。如何确定环境成本事项的发生，关键是看此项支出是否与环境相关。并且，此项支出能导致单位或公司的资产业已减少或者负债的增加，最终导致所有者权益减少。

第二，环境成本的金额能够合理计量或合理估计。由于环境成本的内容涉及比较广泛，因此，其金额能不能合理计量或合理估计是确认环境成本的重要条件。在环境治理过程中，有些支出的发生能够确认，并且还可以量化，如采矿单位所产生的矿渣及矿坑污染，每年需支付相应的回填、覆土、绿化的支出就很容易确认和计量。但有些与环境相关的成本一时不能确切地予以计量，对此我们即可以采用定性或定量的方法予以合理的估计，如水污染、空气污染的治理成本和费用，在治理完成之前无法准确计量，只能根据小范围治理或其他单位治理的成本费用进行合理估计。

环境成本的固有特征决定了环境成本确认的复杂性，严格确认环境成本是正确确认环境资产的前提条件，因此，必须强化环境成本确认的标准，为环境资产的确认奠定基础。

四、环境会计报告

（一）环境资产负债表

独立式的环境资产负债表是单位为反映环境对财务状况的影响而独立编制的资产负债表。借鉴传统财务会计的做法，环境资产负债表左方登记环境资产、右方登记环境负债及环境权益，也遵循"资产＝负债＋所有者权益"这一理论依据。

在环境资产负债表中，环境资产参照传统会计的做法可分为环保流动资产和环保非流动资产两部分。

环保流动资产用来核算与单位环境治理相关的货币资金、存货、应收及预付款项。环保非流动资产包括单位所拥有或控制的自然资源及与单位环境治理相关的固定资产、无形资产、长期待摊费用等。

环境负债主要包括两部分：一是为进行环境保护而借入的银行借款，包括短期环保借款和长期环保借款；二是应付的环境支出，可按其内容分别设"应付环保款""应付环保职工薪酬""应交环保费""应交环保税"等科目进行反映。

（二）环境利润表

设置单独的利润表，可以较好地让信息使用者了解单位的环境绩效，揭示单位保护环境和控制污染的成效[①]。

环境利润表按照"环境利润＝环境收入－环境费用"这一等式，采取单步式结构计算利润。

由于环保工作带来的社会效益等难以计量，故在环境利润表中的环境收入只通过环保交易收入、环保补贴贡献收入、环保节约收入三大项目来反映。其中，环保交易收入是指单位在生产经营过程中的各项交易事项形成的与环境保护有关的收入，其又可分为单位出售废料的收入、排污权交易收入及因提供环保卫生服务获得的收入等。

环保补贴贡献收入是指由于单位获得的政府给予的环保补贴或因取得环保成果而得到的社会奖金，可分为政府给予单位的支持环保的补助收入和环保贡献奖金收入。

环保节约收入是单位在环境治理中取得的各项节约收入，这一部分收入虽然可能不容易直接计算，但仍然属于单位在环境治理中获得的经济利益，理应计入环境收入。

环保节约收入可分为单位节约能源及材料的节约额、排污费节约额、节约的污染处理费、节约污染赔偿费，因环保贡献而受政府支持取得的低息贷款节约利息额、减免税收节约额等。

环境费用按其性质和作用可分为环境治理费用、环境预防费用、环境负担费用、环境恶性费用四类。

---

① 陈玉珍. 基于网络环境的会计教学方法研究 [M]. 会计之友，2006.

环境治理费用是单位治理已经存在的环境影响而发生的支出，可分为单位因治理环境花费的材料费用、绿化、清洁费用、环保设备折旧费及由于购入环保材料而支付的额外费用。

环境预防费用是单位为防止环境污染支付的预防性支出，环境预防费用可分为环保贷款利息、环境机构业务经费、环境部门人员工资及福利、员工环境教育成本、社会环保活动开支等。环境负担费用是单位理应承担的环境保护责任支出，可分为排污费、与环境有关的税金支出、其他环境费用等。

环境恶性费用是由于单位环境治理不力而导致的负面性的开支，可分为环境事故罚款及赔偿、环保案件诉讼费。

（三）会计报表附注

在报表附注中披露以下报表项目中不能反映的非财务信息单位环境会计所采用的具体目标和特定会计政策，如单位环境状况及环境目标完成情况简介、环境资产的计价与摊销政策、环境利润的确认政策等单位面临的环保风险，包括国家环保政策的可能变动、上市公司所处行业的环保情况及未来发展趋势分析等。环境法规执行情况，可分为依据的环境法律、法规内容及标准及执行的成绩和未能执行的原因等，主要污染物排放量、消耗和污染的环境资源情况，所在环境的资源质量情况，单位本期或未来的环保投入情况，治理环境污染或采取环保措施而获得的经济效益和社会效益环境事故造成的影响及处理情况，单位内部环保制度、机构设置、环保技术研发、环保培训、环保活动等开展情况，环境会计变更事项，包括环境会计方法的变更、报告主体的改变、会计估计的改变等。

环境会计所研究的末端治理模式的特征是先污染后治理，或者是边污染边治理。它把环境污染看作生产中不可避免的。在末端治理范式下，自然资本成为被开发的对象，在生产中处于被动和受忽视的地位。自然环境和自然资源的价值被人为地降低，很少被维护，以至于被破坏，这是环境会计研究所不能解决的难题。

第三节 经济学成本与会计学成本比较

成本作为一个基本的经济学范畴，不仅在经济学中，而且在会计学中都具有十分重要的理论价值和实践意义。本节从它们的定义出发，从三个方面比较二者的不同，提出用发展的眼光看待这两种成本理论，从基础理论的角度进行分析研究，以期为学习和研究西方经济学成本理论者提供借鉴。

一、会计学中的成本定义

会计学中对成本的定义：特定的会计主体为了达到一定目的而发生的可以用货币计量的代价。《成本管理》中对成本下的定义：为了达到某一种特定目的而耗用或放弃的资源。从以上定义看，会计成本是单位在生产经营过程中发生的各项费用支出总和，包括工资、原材料、动力、运输等所支付的费用，以及固定资产折旧和借入资本所支付的利息等。

会计学上的成本具有以下特点：①围绕单位生产过程进行研究，重点研究生产成本，不涉及单位与外界和单位内部组织之间的费用；②只关心实际发生的成本，不关心未来的产出；③能够以货币进行计量，只核算可以用货币直接反映出来的成本，不包括应计入而不能以货币直接反映出来的成本；④只计量实物资本成本，不计量其他成本。

二、经济学中的成本定义

随着经济理论的发展，西方经济学中对成本的研究很多，人们不仅研究发生在单位生产过程中的成本，也研究生产过程前后发生的成本，还研究单位与单位之间、单位与社会之间及单位内部组织之间发生的成本费用。我们着重研究生产成本、机会成本、边际成本和交易成本。

（一）生产成本

由于生产过程本身是一个投入产出的过程，因此生产过程中所投入的生产要素的价格就是生产成本。经济学中关于单位生产成本的分析一般包括以下基本内容：

1. 短期成本

在短期内，由于固定投入保持不变或变动性小，增加产量主要依靠增加可变投入数量。短期成本（TC）包括固定成本（TFC）和可变成本（TVC）两部分，前者不随产量的变化而变化，后者随产量的变化而变化，呈现递减、不变、递增的态势。短期成本有两个重要概念：平均成本（AC）和边际成本（MC）。平均成本又可分为平均固定成本（AFC）、平均可变成本（AVC）和平均总成本（AC）。平均固定成本随产量的增加而递减，平均可变成本、平均总成本、边际成本随产量的增加而经历递减、最小、递增三个阶段[①]。

2. 长期成本

长期成本是生产者在可以调整所有的生产要素数量的情况下，进行生产所花费的成本。在长期中，单位可以根据它所要达到的产量来调整生产规模，从而始终处于最低平均成本状态，所以长期平均成本（LAC）曲线就由无数条短期平均成本曲线的最低点集合而成，即长期平均成本曲线就是短期平均成本曲线的包络线，单位可根据长期成本曲线来制订生

---

① 荆新，王化成. 财务管理学（第七版）[M]. 中国人民大学出版社，2015.

产规划。

（二）机会成本

机会成本是经济学中的一个重要概念，在经济学中被定义为"从事某种选择所必须放弃的最有价值的其他选择"。机会成本不是指实际的支出，而是对资源的合理配置和有效利用的一种度量，对放弃效益的评价，表达了稀缺与选择之间的基本关系。机会成本的主要特征如下：不关心过去已经发生的成本，而是关心未来的产出，它不是对历史的反映，而是对未来活动结果的预见。机会成本有助于决策者全面考虑各种方案，为有限的资源寻求最为有利的使用途径。

（三）边际成本

边际成本是指由于单位产量每增加一单位所增加的成本费用。它可以通过总成本增量和总产量增量之比表示出来：MC=d（TC）/dQ。从概念中可知，边际成本是可变成本增加所引起的，而单位可变成本又存在着先减后增的变化规律，因此边际成本（MC）也必然是一条先降后升的 U 形曲线。

边际成本是选择成本时要考虑的关键因素。单位的规模不是越大越好，一旦超出规模经济范围，成本反而会增加。因此，单位要利用边际成本分析法，综合考虑边际成本和规模收益情况。

（四）交易成本

学者对交易成本定义众多。科斯认为，交易费用是获得准确的市场信息所需支付的费用及谈判和经常性契约的费用。张五常认为，交易成本可以看作是一系列制度成本，包括信息成本、监督管理成本和制度结构变化成本。威廉姆森认为，交易费用可分为事前和事后两种，事前交易成本是指起草谈判的成本；事后交易成本指交易已经发生之后的成本，如退出某种契约的成本、改变价格的成本、续约的成本等。

交易成本有以下几个特点：①交易成本是发生在处于一定社会关系之中人与人之间的，离开了人们之间的社会关系，交易活动不可能发生，交易成本也就不可能存在，即交易的社会性；②交易成本不直接发生在物质生产领域，即交易成本不等于生产成本；③在社会中一切经济活动成本除生产成本之外的资源耗费都是交易成本。

三、会计学成本与经济学成本比较

（1）会计学中的成本是基于会计假设计算的，经济学中的成本概念突破了会计假设。1922 年佩顿在其所著的《会计理论》一书中首次提出了会计假设，会计学有四个基本会计假设：会计主体假设、持续经营假设、会计分期假设及货币计量假设，这些假设是从事会计工作、研究会计问题的前提。根据会计主体假设，借入资本的利息是计入会计成本的，但权益成本是不能计入的，个体私营业主的工资收入都不能计入成本，而经济学成本是包括这些的。持续经营假设和会计分期是单位计提折旧的理论依据，资本性支出在不同的会计期间分担，体现权责对等，均衡利润和税负，但经济学成本只考虑现金的流出，即便是资本性支出也一次性计入成本。另外，会计只计入能用货币计量的成本，经济学则将其他的经济量也作为成本。

（2）会计学成本重点研究生产成本，记录过去的交易，而且很重视进行客观的叙述。相比之下，经济学家通常比会计学家具有更宽广的眼界，他们注重对经济活动进行分析，除了研究生产成本还研究其他各种成本。在西方经济学中生产成本概念已经比较成熟，其理论也广泛运用于会计学中。

（3）会计学成本与机会成本。会计学家的工作是关注记录流入和流出单位的货币。他们衡量单位实际发生的成本，但忽略了部分机会成本。与此相比，经济学家关心单位如何做出生产和定价决策，因此当他们在衡量成本时就包含了所有机会成本。在会计学中引入机会成本的概念，有助于使传统会计在现有的以核算为主的基础上加强参与决策，实施适时控制和开展经济分析等功能。

（4）会计学成本与交易成本。传统会计学成本重点研究生产成本，但在社会中，一切经济活动除生产成本之外的资源耗费都是交易成本，只要存在人与人之间的交易，就存在交易成本。根据交易成本相关理论，单位不仅与人力资本的提供者（雇员、经理）、实物资本的提供者（股东、债权人等）缔约，也与原料供应者、产品购买者缔约，还与政府缔结政府管制契约，与社会缔结有关社会责任的契约，故形成了人力资本成本、信息成本、政治成本、社会成本等一系列成本范畴，这些成本范围随着各种条件的成熟，会最终进入会计成本的研究范围。

四、用发展的眼光看两种成本理论

从发展的趋势来看，传统经济学的完全信息假定、完全市场假定等逐渐被现代经济理论更接近实际的假设条件所取代，从而使现代经济理论的针对性、可操作性更强，这是经济理论不断创新、不断进步的表现，也满足了经济活动的参与者对具有现实指导意义的理论的要求。适应这一潮流，传统成本的理论也必将随着经济理论的发展而不断丰富，新的成本范畴还会不断产生，现有的成本范畴也将不断被赋予新的内容。在可以预见的将来，诸如交易成本、代理成本等范畴都应该逐步实现规范化，获得各个学派比较统一的解释，以利于进一步系统深入地研究与解释，真正构成现代经济学大厦的有机组成部分；而那些仍处于初步探讨中的如政治成本、转化成本、社会成本等成本范畴，将逐渐为人们所熟悉，并最终纳入会计学的计量研究中。

会计从来是服从和适应于社会经济发展的。经济运行的状态决定着会计运行的方向。

传统会计学成本适应传统工业经济，在新的经济下，要求会计模式也要进行相应变革，而经济理论恰恰为会计理论提供了理论依据和指导。通过会计学与经济学成本之比较，我们可以看出会计学成本的发展方向，从中可窥视出会计未来的发展趋势。

（1）传统会计成本正从单纯计量过去信息，正向能动地运用信息参与决策，提供未来信息的方向发展，即由静态向动态、由计量过去到计量未来。

（2）会计成本由重视单位内部成本向重视内部成本与外部成本并重发展。

（3）由于现代经济学成本概念计量的高难性和综合性，会计成本的计量也由简单的加减向综合化和数学化方向发展。

（4）会计成本由以货币计量为主向采用多种综合计量手段并存的阶段发展，如在美国，一般大型单位都在其年度报告中附有简要的社会责任履行和环境保护情况的说明。

第四节　经济学视域下的会计学

随着我国经济水平的不断提升，各行各业都取得了持续有效的发展，在这种大环境下，可以说，会计工作是支撑单位发展的主要原动力，因此会计学分析就显得尤为重要。为此相关的研究学者已经将研究重心放到了经济学视域下的会计学分析上，并且已经取得了初步的成果。准确有效地分析会计学，不仅可以提升单位财务工作的效率，还可以为单位控制成本的工作提供极大的便捷帮助。本节就经济学视域下的会计学做了简要的分析，目的在于提升人们对会计学的认知度，进而提升会计的工作效率，推动工作的发展进程。

一、会计学概述

会计学是一种能够将会计工作本质、变化规律及体系构造直观地呈现给相关学者的知识体系，会计学相较于其他的学科有着本质上的区别，其本身具有许多独有的特征，这些特征主要表现在以下几个方面：第一，体系化特征。会计学经历了数个发展阶段，就目前来看，会计学已经有多个各分支学科转变为一个总体学科。在经济学视域下进行跨级分析，就是将各个分支学科进行有效的串联，经各个种类的会计学的特征、功能及发展方向进行有效的整合。第二，指导性特征。经济学视域下的会计学分析，主要强调的是对于会计工作的变化规律、发展趋势以及会计工作需求的研究，而其得出的结果是各界会计工作人员的重要参考依据，其分析结果的准确性直接影响着会计工作质量的高低。

二、经济学视域下会计学分析的意义

就目前来看，我国的社会经济正在稳步提升，在这种大环境下，社会经济在发展的同时对会计工作也提出了更高的要求。为了能够使会计学适应我国各单位的发展进程，必须要在经济学视域下准确有效地进行会计学分析。经济学视域下的会计学分析的意义主要体现在以下三个方面：第一，在经济学视域下进行会计学分析可以完善会计学的相关理论。我国的会计学理论要想适应我国不断发展的经济体制，就需要不断地进行革新，而在经济学视域下进行会计学分析，可以很好地满足这一社会经济发展需求。从本质上来讲，经济学视域与会计学是两种不同的学科，但是两者之间具有较强的联系性，在而在经济学视域下进行会计学分析是将两者进行有机融合的分析方式，这样一方面可以分析出我国会计学的发展过程，还可以极大地完善我国的会计学理论，为社会经济体制的发展提供重要的参考依据。第二，在经济学视域下进行会计学分析可以极大地扩宽研究范围，同时也能够增强会计学的实效性及实用性。经济学视域下的会计学分析并不仅限于会计学本身的研究，它还是对经济学的研究，如果只是对会计学进行分析，就相当于"闭门造车"式的研究，不仅不能达到预期的效果，甚至所研究出来的结果与实际结果会产生较大的误差。在经济学视域下进行会计学的研究，可以很好地将经济学的优势与会计学的优势进行有机融合，从而形成一种新型且实用的会计学理论。第三，为会计学的体系改革提供便捷的帮助，在经济学视域下进行会计学研究是对比分析法的重要表现，它是对两者的分析对象、分析方式、理论基础进行对比，最终目的就是探究经济学发展的新道路，推动经济学的发展进程。

三、经济学视域下的会计学分析

（一）经济学视域研究

就我国的经济学而言，我国的相关研究学者在实际研究过程中主要强调三点。第一，各种商业机构所制造的产品以及劳动力与单位之间的关系。第二，运用何种方式来进行生产制造，制造出那种符合单位发展的产品和业务，以及如何进行资源配置。第三，商业关系。围绕着这三点来进行性相关的研究分析，可以极大地提升分析结果的准确性、时效性以及实用性。从宏观的角度来讲，在经济学视域下的会计学分析主要就是研究经济市场当中的劳动产出、就业情况、产品及业务的价值、对外贸易情况这四个点。从本质上来讲这四方面的研究就是财政政策及收入政策的研究统计。而准确有效地分析出这几点的实际情况可以使我国会计市场当中的总供给和总需求得到平衡，同时也能够为会计工作提供极大的便捷帮助，进而提升会计的工作效率，使会计工作发挥出应有的作用。研究表明，会计学分析的内容较为复杂，所涵盖的知识点也较为繁琐。

（二）国内外会计学分析之间的关系与发展探究

就目前来看，我国的会计学分析经历了数个发展阶段，每一个发展阶段所呈现的结果都有着本质上的差别。由于所研究的方向及内容各不相同，其在研究过程中所遇到的问题及研究方式、研究结果也各不相同，但是它们最终的目的都是为了提升我国会计学研究成果的实效性及实用性。从实际的角度出发，现阶段，我国在经济学视域下的会计学分析正处于起步阶段，其中存在着许多问题，为了能够准确地进行会计学分析，从而实现既定目标，我国相关研究学者必须要借助一些发达国家对会计学分析的经验，并结合本国的实际情况及会计发展走向，制订出科学合理的分析措施，找到分析工作的切入点，并及时着手进行分析工作。这样不仅可以准确有效地分析出具有实效性及实用性的跨级理论，同时对于我国会计学的发展也有着重大的意义。

综上所述，在经济学视域下进行会计学分析，对于会计学的发展有着重要的推动作用，而会计学得到了持续有效的发展，我国各个领域的会计工作质量也会得到相应的提升，进而推动我国整体经济的发展进程。为了能够准确有效地完成经济学视域下的会计学分析工作，相关的研究学者必须要将工作重心放到经济学与会计学关系的研究上，结合时代背景及会计工作的发展需求，制订出科学合理的分析方式，进而提高会计理论的时效性以及实用性。

第五节　产权理论与会计学

单位的产权分离是会计学研究的一个崭新的方向，是产权理论与会计学的有机结合。产权的本质是对稀缺资源的产权问题研究，一些经济学问题都可以通过产权理论框架进行分析。单位提供会计信息是一个必然的事实，单位进行会计信息披露的根本原因在于财产所有权。从产权理论思路出发，能够对会计的产生和发展有更深入的了解。

一、产权理论的相关概念

产权经济学即为产权理论，是 20 世纪 60 年代以后流行于西方的新制度经济秩序运行中的交易费用如何对社会资源配置产生影响和制约的问题。经济秩序包括单位制度、市场机制和政府干预。产权理论是会计研究的起点，产权关系决定着会计确认、计量方式、记录难度和报告程度，而社会中一次次的产权变革促进了会计产生、发展和完善。

从产权理论提出中国过度会计学的观点，即从产权理论角度分析会计本质、起点和发展，总结了产权与会计关系方面相关观点；从产权和博弈等角度对会计监督、审计等现实问题做出实务性研究。将产权经济学和会计学的理论方法结合起来，以会计学基本理论为对象进行分析，开创了产权制度与会计制度比较研究新领域，对于社会分工和社会生活高度复杂的现代社会市场经济来说具有非常重要的意义。

二、产权理论与会计学结合的现实意义

从会计产生与发展的动因、职能、对象、目标、假设和会计制度等方面，深化了笔者对会计基本理论的认识。以往学习会计假设是从已经存在的单位会计制度的基础上，运用产权理论的基本原理动态地看待产权和会计的关系。会计研究对象是单位资金运动，产权理论丰富了这个观点。资金运动作为会计研究对象比较抽象，却反映单位某项资产产权及其变动，并且单位的会计确认、计量、记录和报告也是反映产权的变动。同时，产权理论中的交易费用观点解释单位的存在与规模，认为单位是一种契约关系的链接，其目的就是为了节约交易费用，而会计是为了保护这些契约关系的有效完整和适当履行。因此，把产权作为会计的研究对象不失为一个好办法。而单位的会计计量和报告经营活动，首先要明确单位是什么，对于单位的性质是经济学问题，也验证了把产权经济理论引入会计学是可行的。

第二章　财务会计的理论研究

第一节　当代财务会计的发展趋势

　　财务会计在企业的运行和发展中起着不可替代的作用，是企业管理环节最为关键的一个部分。随着我国现代化进程的加快，财务会计的发展也要跟上时代的步伐。本节主要分为三个部分对现代财务会计发展的趋势进行了探讨，第一部分阐述了当前财务会计的发展现状，主要包括财务会计供给的个性化、质量的不断提升、信息的多元化、工作效率的不断提升以及人在财务会计的发展中作用越来越大等。第二部分主要在当今社会对财务会计发展存在的问题进行了探讨，财务会计发展中的问题具体有财务会计主体虚拟化、风险被放大、监管系统不够健全、人员专业素质水平不高。第三部分对现代财务会计的发展提出了几点建议和对策，具体内容有强化对会计虚拟化的监管、强化财务会计网络安全建设、完善财务会计管理体系、提高财务会计工作人员专业水平等。

　　进入 21 世纪，随着我国经济的快速发展和进步，互联网在我们生活的各个领域中都有应用，财务会计也不例外。在财务会计行业中，计算机技术和网络技术的应用，促进了财务会计行业的信息化发展。在企业的发展中财务会计业务发挥着重要的作用，而企业相关管理人员对财务会计也越来越重视，也使得财务会计的发展稳步向前。

一、当前财务会计的发展现状

　　财务会计供给的个性化。在我国传统的财务会计模式下，企业的领导者、管理层及其他利益相关者为财务会计的主要控制人，财务会计主要以报表的形式提供相对应的会计服务和需求。但随着互联网及信息技术的不断发展，财务会计发生了很大的变化，变得越来越个性化，财务会计可以根据使用者的不同需求进而提供不同的财务信息服务。使用者也可以根据财务会计中的数据单独分离出来，根据自身的需求进行加工处理。

　　财务会计信息的质量不断提升。在互联网技术未应用之前，有关财务会计的相关信息主要是由人来完成的，通过工作者判断及传统的手工编制。这样，很容易出现蓄意操纵任务和人为错误等问题，导致严重的会计失真。随着社会的发展进步和互联网技术的出现和应用，会计信息的可靠性得以有效提高。例如，它在税务和会计中的应用，可以最大限度地减少人为欺诈和人为因素导致的信息错误的发生。

财务会计信息呈现多元化。传统的财务信息和数据采集，显示主要是由会计人员收到的会计账簿的主动查询和固定点发布的财务报表方法优先，并将人工智能技术应用于会计行业，智能软件可以自动生成会计相关证据、张、表等。通过智能会计软件，信息需求者也可以根据自己的需要随时随地获取财务信息，可以得到实时的财务信息。此外，人工智能可以促进财务数据自动推荐，改变独立分析的原因等功能，因此，它可以为财务决策者提供有效的财务信息基础。

财务会计工作效率不断提高。在以前的会计中，会计人员往往需要花费大量的时间和精力来完成这种简单而重复的人工收费工作，这不仅会增加员工的工作量，还难以推动财务工作的进展，提升整体效率；但随着智能会计软件自动生成技术的应用，能在很大程度上提高会计处理的速度和效率。此外，人工智能的数据处理能力非常强。它不仅可以对财务数据进行深入挖掘和处理，还可以创建数据库，实现数据跟踪和分析。此外，其还可以建立多种类型的数据模型，并在多种约束下对会计信息进行综合分析，从而改变获取原始信息和大量分析难度大的问题，促进财务信息更加理想化和智能化。

二、当前财务会计发展中存在的问题

网络环境发展在一定程度上为财务管理提供了更加便捷的处理方式，使得网络市场交易逐渐普及，无纸化交易越来越多，无纸化的交易模式不仅极大地提高了业务发展的便利性，同时也极大地提高了交易处理业务的整体效率，但是也导致了信息和数据篡改欺诈的风险。

财务会计主体虚拟化。在电子商务快速发展的背景下，财务会计发展所面临的首要问题是会计信息审核的真实性受会计主体的虚拟性质的影响。由于网络电子技术和电子商务的迅猛发展，金融会计的虚拟化趋势越来越明显。电子商务的在线交易通过一个虚拟网络实现。这种交易是网络会计虚拟模式，这是一个模糊的状态。通过虚拟化的网络模型，企业经济实现新业务的控制。虚拟电子商务网络会计实体由信息用户管理。市场在变化，信息平台在变化，各种会计数据信息在变化，但是在线电子商务的会计决策没有明确的物理经济单元，这导致决策行动者的空缺。财务会计工作的艺术价值更明显，而且很容易根据信息处理过程中出现的问题来判断责任人。信息审查工作的难度，不利于保持会计信息审查的真实性，不利于我国各类会计工作的顺利发展。

财务会计风险被放大。在互联网商业快速发展的背景下，会计实体逐渐转变为虚拟化，从传统的纸质合同开始到建立虚拟的网络交易模式。目前我国大多是企业已经开始实施无纸化电子贸易合作，关于合同的签订、交易条款的谈判、交易信息的处理等都是通过修改网络的沟通和协商来完成的，网络化和无纸化交易过程是网络化和无纸化贸易金融后处理的直接结果，作为一个虚拟的金融交易处理程序，导致对电子数据处理安全的财务会计产生怀疑，对各种电子合同、电子交易信息、财务数据以及其他电子存档，以确保安全成为一个重要的问题。大多数商业交易会计数据只能存储在硬盘或可移动硬盘中，存储的安全性仍有待提高。互联网电子科技也表现出交易的便捷性和两面性，在提供交易便利的同时也增加了信息数据损失和泄露的风险，如何加快电子会计财务信息数据处理和存储安全性成为当下会计发展的重要问题。

财务会计监管系统不够健全。近年来，我国在财务监管方面还不够完善，针对企业的财务监督制度也还不够完善。据了解，尽管我国企业的财务发展情况得到了较大的发展和进步，但是在财务监管方面还是存在很大的漏洞，在很大程度上影响了企业财务管理的健康发展。此外，对于企业的整体发展，对业务管理和经济损失的重大影响会带来潜在的危机。因此，相关行政部门要完善财务管理监控体系，应充分重视财务管理监控体系的发展，使之符合现代金融发展的趋势，符合现代社会发展的趋势，有效避免财务管理中出现的问题。

三、现代财务会计发展趋势与对策

强化对会计虚拟化的监管。由于现代网络技术的发展和应用，使得财务会计有了虚拟性，会计信息使用者的多样化对会计信息的效率、质量和成本控制提出更高的要求。随着我国互联网及信息技术的发展，财务会计虚拟化的监管在企业未来的发展中发挥着越来越重要的作用。互联网时代背景下的会计职能、监管建设，只符合网络发展趋势，加强会计信息化建设，满足不同监管机构和会计信息用户的需求。促进企业内部控制、管理能力等提升，对企业在市场乃至全世界都有竞争优势。

强化财务会计网络风险管理，确保互联网安全建设的有效性，对于电子商务环境下财务会计的转型与发展至关重要。为了充分了解中国电子商务的快速高效发展，网络技术已经成为一个重要的保证因素。网络财务会计的发展需要改进，企业会计信息软件的应用也需要改进。具有完整功能和稳定性的互联网金融软件，可以有效地提高财务数据信息网络化处理的有效性。在互联网时代发展的背景下，我国网络会计的整体财务会计水平也在不断提高。在电子商务背景下，为了满足财务会计的转型和发展的需求，我们应该建立一个符合企业发展需求的数据库并拥有更多的全面数据信息。通过创建大型数据库，各种财务数据信息的处理可以更加方便和快速。首先，财务会计与管理会计的转变，在最初的工作阶段，必须提高工作内容，在相关的项目和工作系统中，人员的位置将会有更多的风险，必须制订一个完美的转型计划来确保转变的顺利过渡并减少传统设置的缺陷，这样以后的工作就可以按照正确的路线进行。

完善财务会计管理体系。随着我国当代财务会计工作分工明确化，企业本身的财务监控管理系统的完善是当今中国企业发展的必然趋势。企业财务管理的科学性、严谨性、实施性对企业的管理制度的改进是不可或缺的，这可以有效地避免企业的财务损失以及财务工作带来的财产损失。加强电子商务财务管理网络的建设首先要扩大信息流的范围。增加财务信息和数据的流通和共享，将支持企业更新数据信息。应针对主要网络平台的特性建立目标网络系统，并应逐步实现网络会计和实体财务会计的整合。一方面提高企业的防范机制，提高企业预防机制是企业内部控制制度的重要组成部分。建立企业预防机制可以提高企业对资金运行的控制能力。了解资金风险，最终可以提高企业资金使用的效率。另一方面，有必要完善会计反馈控制制度，主要涉及企业内部经济活动的监测。及时有效地监控，确保及时发现问题，及时纠正预算偏差，有效地控制投资的成本。及时发现企业财务会计工作中的问题，及时调整工作内容，定期考核财务会计决算，实施奖惩制度，能有效地提高财务会计最终的质量。

提高财务会计工作人员专业水平。重视财务相关工作人员的专业技能培养，提高财务工作者的整体工作水平，加强财务工作者在财务专业方面的学习和创新思维能力。首先，企业从自身出发，加强针对信息技术培训，为那些有丰富金融经验的人员加强信息技术的培训强度。同时，公司可以开展移动训练机制，向外输送财务管理人员培训模式。这样做的好处是让财务管理人员更全面、更快、更好地了解财务政策，加强相关基础知识和计算机技术的学习，利用相关财务模型处理财务问题，使财务工作更加方便。其次，企业需要制订财务管理人员引入机制，制订系列的福利政策以确保企业能够引入复合型金融管理人才。通过引进财务管理人才，可以更好地促进企业的健康发展，提高企业的整体竞争力。需要注意的是，要对引进的复合型财务管理人员进行财务管理培训，并将经验传给他们，以便能更好地融入工作中。企业要采取这两种措施，使相关计划战略更具针对性和可操作性，为公司的长期发展提供强大动力。

物联网技术、人工智能等高科技的出现和应用发展对企业财务会计产生了一定的影响。本节对现代财务会计发展趋势进行了研究，并根据当前财务会计发展存在的缺陷进行分析，对金融会计的当前状况进行了讨论，结合现代会计财务发展知识的实际使用情况，提出了建议，主要为加强会计虚拟化的监督，提高财务会计网络建设的安全性，完善财务会计管理制度，完善财务会计人员的专业标准。

第二节　试论财务会计目标定位

目前，国有企业财务会计目标模糊，相关制度不完善。因此，要解决财务会计目标中存在的问题，完善企业财务会计管理结构，减少企业管理熵值。为了促进财务会计目标的全面发展，合理的方法可以有效地提高工作效率，降低工作成本。

随着国家社会主义市场经济的不断发展、企业改革的不断深入，国有企业作为国家经济发展的核心，必须要进行全面的改革。财务会计是提高企业合作能力的关键，也是保证企业全面发展的基础，因此，国有企业必须要全面提高企业财务管理能力和会计核算工作，以此有效解决国有企业在发展过程中存在的财务经济问题，推动国有企业实现全面可持续发展，提高企业社会经济效益，带动国家经济发展。

一、新经济时代下国有企业的财务管理工作现状

党的十四大之后，国家经济飞速发展，企业数量不断增加，国有企业在不断地改革发展工作中，也取得了较大成绩。但是，随着科学技术的发展、知识经济时代的到来，大量的外来经济进入本土市场，对本土市场造成了一定的冲击。不仅如此，国内企业之间的竞争也日趋激烈，国有企业想要在这样的经济市场中站稳脚跟，就要进行更深层次的改革。国有企业传统的财务管理方式已经不能够满足新时期市场需求，新经济时代下国有企业财务管理工作的开展也发生了一定的变化，想要对国有企业实现财务会计目标存在的问题进行分析，首先要明确在当前社会市场背景下，国有企业财务管理工作现状。互联网经济的全面发展，让云计算、大数据、移动互联网等技术实现了全面的突破和发展，对财务会计管理目标产生了一定的有影响。在大数据时代下，企业的相关财务信息更加透明，国有企业想要得到全面的发展，就必须要适应这一变化，企业财务会计管理工作呈现出了多元化的发展趋势，因此企业财务会计管理目标也必须要随之变化，新时期，形成符合时代社会发展的综合目标，并且将知识资本最大化，以此保证经济效益最大化，实现企业利润目标的全面发展。

二、会计目标定位的观点

决策有用观。随着我国市场经济的逐步发展，企业的发展就具有了更多的投资者与债权者。基于之这一现状，委托代理关系也会发生相应的变化，主要由单一逐步向复杂的方向发展，这就意味着企业财务的较为分散的投资者和债权者提供及时准确的企业的经营状况信息资料，主要是为了债权者和投资者做出正确的投资选择。因此，从资本市场的发展层面而言，会计目标就是对较为分散的投资者和债权者提供及时的财务发展的信息，总之就是决策有用观。制订决策时要考虑到未来的发展的道路的选择，要综合分析未来的投资者与债权者将来的发展情况。只有这样的决策才具有实际的操作性与实用性。

受托责任观。随着公司发展模式的不断变革，企业的发展经营权无法与市价的所有权相结合，这就出现了广泛的委托代理关系。企业发展的经营权和所有权无法进行有效的结合，这就说明委托代理实际的出现使企业的委托方主要关注企业发展的自身的资本的扩大，受托方主要负责管理和实际的资源的利用情况，并将这些情况向委托方报告。委托方依据受托方的企业的运营的情况，做出整体的评价，然后再考查相应的委托人实际工作的效果并决定是否一直聘用。委托代理关系发展的大局势之下，会计主要为了达到委托方对企业

发展的实际进行整体的评估，核心就是企业经营的业绩的计算和实际的效果，这就是会计目标为受托责任观。

受托责任观与决策有用观之间的联系。受托责任观和决策有用观的形成都是因为我国企业的经营权与所有权分离，然而受托责任观主要是因为企业的经营权与所有权实行分离，所有权具有实际的处分的权利。在完善的经济发展之下，决策有用观的财务目标成立，主要是通过资本市场与经营者建立了广泛的实际关系孕育而生，经营者的实际的权力得到了扩大，负责企业的生产经营状况，具备相应的企业的资产处置的能力，所以投资者就必须通过相应的企业运营的实际资料来进行相应的决策。受托责任观主要是因为企业发展的经营权与所有权实行分离，委托代理关系就显得很明显。所以，决策有用观是在受托责任观的影响下形成的，主要反映了市场经济发展的主要方向，同时也是经济环境变化的主要的表现形式。

三、当前我国财务会计目标的具体构建

企业会计目标的具体定位。基于此原则，财务会计目标首先需要为企业管理层提供企业发展过程中能够很好地反映企业发展的经济信息。第一，需要具有提供投资和信贷相关的准确信息，体现出潜在投资人、债权人以及其他有关投资、信贷的关键信息。第二，提供现金流量数据与未来存量的信息，此类信息可以帮助当前和潜在的投资者、债权人评估企业的股利或股息、销售、到期债券或借款清偿等不确定信息。第三，需要提供企业经济资产、财务状况、经营成果与资源分配、使用的具体情况。在此基础上，财务报告还需要将当年的经济计划完成情况、整体资产处于增值或保值阶段等向受托者进行展示。财务报告作为企业经济数据的完整呈现方式，是企业在证券市场上的重要考评条件。相关投资者对企业报表数据的判断可以直接影响后续企业获得融资的机会。

现代企业制度下的财务会计目标。现代企业制度已成为国内企业在经济发展过程中的必然选择。财务会计的工作目标需要积极地融入现代企业制度中去。作为现代企业制度的关键，法人制是判断企业模式的重要标准。企业法人制度是现代企业制度的主体。在企业法人制度下，投资者与企业的关系被简化为纯粹的委托者与被委托者间的关系。当前我国企业中，上市公司占比较小且上市后企业也不能实现资本的完全流通。因此我国会计的工作目标需要定位在向委托人也就是投资者履行自身受托责任，为委托人提供所需的相关信息。

综上所述，会计目标并非独立存在于会计行业中，会计目标的制订、实施与会计环境、会计理论、会计职能等有着密切联系。因此，对会计财务的目标定位的思考不仅局限于某个方面，而是要进行多维度、深层次的思考。

第三节 财务会计、权利与财务会计目标

会计主体利益和有关外部利益二者属于对立统一的，也是促进财务会计产生与发展的基本动因。所以，会计信息其质和量都应该是会计主体和生产运用要素每个全能主体在合作对决的过程中一起界定的，财务会计最终的目标就是在保证二者在这种合作对决中均获得利益，受委托责任和策略有用学派仅仅重视一方的利益。本节主要对财务会计、权利与财务会计目标相关问题进行进一步的论述。

一、会计信息质和量是以会计主体、生产运营条件和外部环境权利主体一起界定的

不一样的权利主体通过相应权利参加会计质和量的界定。针对财务会计服务对象来讲，不仅是对内会计，同时也是对外会计，给会计主体相关的利益者提供必要的会计信息。当前，会计信息外部运用人员包含我国政府部门和债权人以及可能成为债权人的人，还有投资者和可能成为投资者的人，人力资源权利主体、其聘用人员还有四周环境权利主体等等。

通过多次博弈界定会计信息质和量。基于现代社会经济对构成会计主体生产运营能力十分有利，获得利益能力生产运营以及外部环境全部权能完全分离，任何一种权能主体都按照有关权利参加会计主体利益的配置，针对理性经济人设想，所有权能主体都能够实现自身利益最大化，将自己的损失降到最低。在这种利益配置合作对决的过程中，所有权能主体想要得到更多的利益有两个渠道实现：一是会计主体获取利益最多；二是让己方获取最多的利益。

所以，在对会计质和量进行界定的过程中，一定要思考外部利益人员的利益，确保外部利益企业总体利益，让其具有科学的获利。并且，这对会计主体本身也十分有利。因此，在对会计信息质和量进行界定的时候，一定要对资本市场良好循环有一定的好处，给企业生产经营营造一个优秀的外部环境，始终坚持优胜劣汰这一原则，这样能够完善总体社会资源组合。要求会计标准制订人员必须对双方的意见进行充分的思考，让双方的利益最大化，进而实现共赢。

二、财务会计目标的界定

确保资本市场正常顺利发展。会计主要利益与有关外部利益者利益属于对立统一的，进而促进会计信息揭示不断改进，调节所有权能主体之间的利益，推动社会资源科学的分配。在这个资本市场不断加快发展的时代，社会资源科学分配主要体现在资本所有权能的

科学组合。所以，目前财务会计的根本目标就是要保证资本市场健全，进而才会加大会计主体由资本市场得到最大资本的概率，进一步扩大生产的规模，对资本构造进行改善。针对资本市场债权主体来讲，其在短暂摒弃资本应用权利的时候，会计主体一定要让债权主体相信其能够按照规定收回成本与利息的权利得以成为现实。因此，会计主体一定要提供和其有关的一系列会计信息。针对会计主体所有权来讲，在所有权与经营权分离这种企业制度条件下，所有权主体在永远摒弃资本使用权的过程中，要求会计主体一定要让所有权主体相信其资本可以增值。因此，财务会计一定要提供与行业资本增值有关的一系列会计信息，从而给投资人员进行正确的决策提供一定的便利。若财务会计信息无法完成上面的要求，那么资本市场将很难正常稳定地发展下去。

协调会计主体和四周环境。会计主体始终在四周环境当中生存，会计主体想要发展必须调节好四周环境的关系，所以，财务会计还应该提供和四周环境有关的一系列会计信息，同时这也是社会责任会计受到重视的动因之一。

会计信息价值影响财务目标确定。会计信息对使用人员的价值多少和专业知识掌握情况和判断能力有着直接的关系，相同的会计信息对不一样层次的使用人员有着相应的价值。财务会计目标在思考会计信息好处的过程中，应该将各种类型的权利主体总体情况当作准则。会计信息价值还有一个思路就是会计信息加工和处置以及揭示花费和制度实施花费的共和和会计信息效果进行比较，按照科斯交易费用观点，所有会计信息作用除去社会交易花费应该确保最大利益。

观察我国和国外一些学者针对股权结构和企业多远营销关系相关问题的探索主要有两个观点，呈对立的状态，一种观点认为二者之间有着明显的相关性，另一种观点认为二者之间没有相关性。笔者股权结构和企业多元营销二者之间是存在着一定的关系的，但是这种关系最多只是一种相关关系，不可以说成严格的因果之间的关系。也就是不可以当作股权结构汇集，这一定会造成企业多元化营销程度不高。研究人员对于二者之间关系的研究是适用计量经济模型对其实施回归分析，这种实证分析的方式对这方面问题的理解存在一定的局限。第一，研究人员基于不一样的研究角度选择研究的对象，对象企业所处的外部环境，如政治和文化以及市场程度都存在巨大的差别，所得到的结果无法表示全部的情况。第二，假设股权结构和企业多元营销之间存在着明显的相关关系，股权结构变化属于企业多远营销改变的原因之一，但是它不是唯一的原因，是和别的因素相互协作一起发挥作用，造成企业多元营销发生改变。

笔者认为，在外部环境和别的条件都一样的前提条件下，若一家企业治理结构有着良好的效果，那么这家企业多元运营水平会相对较低。从企业治理产生的历史以及逻辑角度去看，其股权构造和公司多元运营二者有着十分亲密的关系，必须在股权构造具有合理性的前提下，构成健全的企业治理构造，从而确保企业降低减少股东价值多元化运营。

通过本节对财务会计和权利与财务会计目标相关问题的进一步阐述，我们了解到会计主体利益和有关外部利益者利益二者属于对立统一的，也是促进财务会计产生与发展的基本动因。所以，会计信息其质和量都应该是会计主体和生产运用要素每个全能主体在合作对决的过程中一起界定的，财务会计最终的目标就是在保证二者在这种合作对决中均获得利益。因此，希望通过本节的阐述，能够给财务会计和权利以及财务会计目标方面提供一定的帮助，进而实现双赢。

第四节 财务会计作用探析

在社会经济高速发展的背景下，企业也面临着日益激烈的市场竞争，为了更好地适应市场环境的变化，对各项经济管理工作的开展也需要给予充分重视。财务会计是经济管理中不可或缺的一部分，不仅是管理的终端工作，也能够帮助企业决策者在做出决定之前，对企业当前发展情况进行全面分析，确保各项决策的科学性、正确性。

财务管理工作是企业整个经营管理内容的核心所在，财会人员在工作中，不仅要对企业财务数据做出妥善处理，还要为企业提供更准确的运营信息，进而在企业经济管理中发挥有效作用。财会人员是企业中的综合型、应用型管理人才，其地位是举足轻重的。因此，在规划、落实各项经济管理工作时，各企业应充分挖掘、利用财会人员的积极作用，以此不断提升经济管理水平。

一、财务会计的职能分析

首先，是反映职能。作为财务会计最基本、最原始的职能，反映职能是随着会计职业的产生而形成的，财务会计通常都会通过确认、记录等环节，将会计主体当前发生、完成的经济活动从数量上反映出来，并为企业管理者提供更精准、完整的经济与财务信息。

其次，是经管职能。当前，我国很多企业开展的财会工作都停留在算账、保障等层面，难以适应现代企业制度提出的各项要求。因此，要想将财会经营管理职能充分发挥出来，就必须在传统基础上，积极拓展新的领域，构建更完善的财会工作模式，以此来提升经济建设水平，推动企业的健康、稳定发展。

二、财务会计在经济管理中发挥的作用

提供科学完善的预测信息。在市场经济高速发展背景下，企业要想全面迎合其发展需求，就必须对市场供需情况变化进行深入调查与研究，并在此基础上制订出科学完善的生产规划、营销方案，不断提升企业产品的市场竞争力。对此，企业需对环境、产品质量，以及市场供需要求和企业宣传等诸多因素做出综合考虑与分析调整，才能够对企业营销信息做出科学预判，也只有这样才能够在产品投产之前，结合产品成本构成制订出最佳的营

销、生产方案，真正做到企业经济管理与效益的有机整合，在明确产品价值定位的同时，真正赢得最大化的经济效益。

积极发挥会计监督职能。这一职能的发挥主要是指在开展各项企业经济活动中，结合财务会计计划、制度做出科学监督与检查，作为一种科学的监督手段，其能够在尽可能减少经济管理漏洞的同时，促进企业经济、社会效益的逐步提升。财务会计可以通过不同渠道来达到这一目标，如可以通过对企业现金流、各项财务工作进行分析与检查，对企业经济做出科学评估等方式，来对企业各项生产经济管理活动、成果做出监督。比如，可以通过成本指标来对单位产品的劳动力消耗情况做出全面掌握，或者是结合利润指标来对经济活动成果做出科学评估。

不断提升财会信息质量。会计信息质量的高低对财务会计作用是否能够得到充分发挥有着决定性影响，而会计信息的准确性、完整性，也直接影响着企业生产经营的健康发展。就目前来看，原始凭证、企业管理部门及其工作机制，以及相应的会计信息体系的完善程度等诸多方面都会对会计信息质量产生重要影响，对其影响因素的控制主要可以从以下几方面入手：一方面，要不断加大对发票等一系列原始数据的管理力度，营造良好管理秩序。同时，还应充分重视起《会计法》等财会法律法规的认真落实，并结合实际情况，制订出科学有效的执行方法，以此来确保财会人员的合法权益能够得到有力维护，为其各项工作的高效有序开展提供有力支持。另一方面，应不断加大会计信息系统的建设力度，优化相应工作机制。同时，企业还应积极挖掘、整合社会各界的监督力量来科学管控会计信息质量，以此促进信息质量的不断提升。

不断加强财会人才培养。人才一直都是企业经营管理发展最根本的动力，而在经济管理中，要想将财务会计的积极作用充分发挥出来，就必须注重高素质、综合型人才的培养与引进，以此来为企业的创新发展提供有力的人才支持。

在知识信息时代高速发展背景下，各行业人才的综合素质也随之不断提升，尤其是财会人才在企业发展中有着举足轻重的地位，相对于物质资源来讲，人力资源具有的社会价值更高。因此，在经济管理中，对财务人才综合素养的提升，以及人力配置的进一步优化应给予足够重视，并结合社会发展需求，引进高品质的专业人才，以此来不断提升企业综合竞争实力。

综上所述，不论对于哪一行业来讲，财务会计占据的地位都是至关重要的，为企业管理层提供的相关经济信息，对各项决策工作的开展有着不可忽视的影响。财务会计对经济管理活动的规划，以及经济效益的提升都发挥着积极的促进作用。因此，各企业需要充分重视对财会人才的培养与引进，充分挖掘与利用相关资源，以确保财务会计的重要价值能够在经济管理中得到充分发挥。

第五节　财务会计的信任功能

财务会计能够在代理人与委托人之间建立信任机制，通过财务会计信息能增进双方的信任；作为一个完善的信任机制，通常会将财务会计与其他的信任机制联系起来，本节将通过建立初步的分析框架，进一步分析各种理论制度对财务会计的影响，并梳理财务会计中的一些争论。

在委托与代理信息不对称的情况下，财务会计信息能够在一定程度上解决信息不对称的问题，财务会计信息也因此在资本市场中发挥着重要的作用。财务会计信息中关于投资项目的准确详尽信息有助于投资者做出正确的判断，相应地做出正确的投资决策，这一作用通常被称为财务会计信息的投资有用性或者是定价功能。另外，在代理人与委托人建立委托代理关系后，委托人可以要求代理人提供相关的财务会计信息，有助于委托人的财产安全评估，并以此来约束代理人，财务会计信息的这一功能被称作契约有用性或是治理功能。因此，不难看出财务会计信息功能不仅能在一定程度上解决信息不对称的问题，还能够实现定价与治理的功能，这已经在大量研究中被证实过了。

然而财务会计为何会有信任功能仍然不够清晰明了，只是结论性的认为财务会计具备信任功能。在探讨财务会计的信任功能时，可以从多方面问题入手，如财务会计为何具备信任功能、外部因素对财务会计的影响以及制度对财务会计的影响等。

一、财务会计信任功能的概念及理论基础

财务会计的信任功能，重点在于财务会计和信任两个核心。财务会计属于企业会计的一个分支，通常是指通过对企业已经完成的资金运动进行全面系统的核算与监督，为外部与企业有经济利害关系的投资人、债权人及政府有关部门提供相关的企业财务状况与盈利能力等经济信息的经济管理活动；显然财务会计不仅是指产出结果，还包括产出过程，对交易事项进行特定处理后经过外部审计才能成为公开信息，这一最终信息被称为财务会计信息，在现代企业中，财务会计还是一项重要的基础性工作，为企业的决策提供重要的相关信息，有效地提高企业的经济效益，促进市场经济的健康有序发展。

信任是一个抽象且复杂的概念，涉及范围广泛，且通常被用作动词，信任总是涉及信任主体及被信任的客体，由主体决定是否信任客体，然而实际过程中，主体决定是否信任客体的条件无法控制，只能单方面期待客体有能力且遵守约定为主体服务。因此本节中的信任只包括主体、客体、能力以及意愿，具体情况就是主体信任客体有能力且有意愿为主体服务的过程，便是本节的信任功能，还不是单指一个心理状态。

信息不对称问题是委托代理关系中必然会出现的问题，信息不对称作为一个普遍存在的问题，通常会导致逆向选择问题及道德风险问题，其中多为代理人的不诚信或是委托人不信任代理人。因此，财务会计信息的有效性能够在一定程度上解决信息不对称的问题，也能够看出信任才是代理委托关系以及信息不对称这二者的实质性问题。而在代理委托关系下，委托人对代理人不信任是很正常的，委托人作为主体，承担着委托代理关系中的绝大部分风险，故而委托人有理由不去信任代理人，因为委托人无法确认代理人是否有能力且有意愿为自己服务；由于代理人的不诚实及委托人的不信任才会造成信息的不对称，最终导致事前的逆向选择以及事后的道德风险问题，这时财务会计信息就能够发挥其定价及治理的功能了。所以，从本质上来说，财务会计解决的根本问题是委托者对代理人不信任的问题。

财务会计信息作为财务信息处理的流程性记录，在一定程度上具有某些预测价值，能够减轻代理人行为上的不可预测性，加深了委托人对代理人的信任程度。同时，财务会计信息还能够作为评估代理人能力的参考信息，让委托人对代理人的能力有所了解，以此增加委托人对代理人的信任程度，而且财务会计信息注重分析代理人的能力与委托人利益变化的关系，更为有力地证明了代理人的实际能力。

在委托人与代理人的信任关系中，完全寄希望于代理人自发的意愿为委托人服务也是不切实际的想法，也无法形成强制性的措施，对此可以通过制订对财务会计信息要求的规定使委托人有一种主动制约代理人的能力，使委托人对代理人的控制建立在明确的基础之上，在增强委托人的控制能力的同时，还增进了委托人对代理人的信任。契约签订也是约束代理人为委托人的利益服务的重要手段，行之有效的契约使代理人不得不在实际行动上有利于委托人。

二、财务会计信息中信任制度理论的应用

制度的作用通常是威慑和约束代理人的不良行为，可以针对代理人损害委托人利益的行为做出适当的惩罚，这种惩罚性致使代理人不得不向委托人提供真实的财务会计信息，同时还约束着代理人的行为，促使代理人不敢侵害委托人的利益，因此，制度的制定也能够提升委托者对代理人的信任。

上文中还提到了财务会计信息的定价功能与治理功能。在实际应用中，财务会计信息的定价功能体现在委托者能够通过财务会计信息大致了解代理人的能力，评估代理人能力的强弱，从而针对代理人能力给出一定程度的信任；而财务会计信息的治理功能便是通过契约条款来约束代理人，致使代理人在实际行动中做出有益于委托者的行为，在财务会计信息的治理功能中，会计信息是作为必要条款而存在的。

综上我们大致能够得出这样的结论：针对会计信息的制度可以提高会计信息的定价功能，而针对代理人的制度可能会降低会计信息的治理功能。当然，尽管我们可以在理论上

做出上述分析，但是同时也必须看到，现实当中不同针对性的制度是同时出现的，难以将它们的影响区分开来，这也正是经验研究得出不一致结论的原因。

本节从委托人和代理人的社会关系出发，对委托代理的信任关系及信息不对称问题进行了分析，从信任的角度出发研究了财务会计的模糊问题。财务会计应构建更加完善的信任机制，利用财务会计的信任功能理论提高财务会计理论的解释力和预测力，丰富和推进现有财务会计理论发展。

第六节　财务会计与税务会计的差异和协调

随着会计准则和税务制度的不断深化与完善，财务会计与税务会计的差异日益明显，鉴于两者在经济管理中的重要地位，处理好两者的关系是处理企业、国家、社会之间利益的重中之重，协调和完善财务会计与税务会计的关系刻不容缓。笔者针对财务会计与税务会计两者的差异及其产生原因进行研究分析，并在此基础上，提出协调财务会计与税务会计差异的对策，为在实际工作中的企业和公司提供借鉴和帮助，让其更科学更稳健地运行实务工作。

财务会计与税务会计既相互关联又有一定的差异，这并不仅仅发生在我国，它普遍存在于各个国家之中。财务会计是指对企业的资金和财务状况进行全面监督与系统核算，以提供企业的盈利能力与财务水平等经济信息为目标而进行的经济管理活动。财务会计依照相关的会计制度和程序，为有涉及利益关系的债权人、投资人提供相关的资金信息；财务会计不仅在企业运作中起基础性作用，而且对企业的管理和发展有重要的促进作用。所谓的税务会计是指，根据会计学有关内容和理论，对纳税人应纳税款的形成、申报、缴纳进行综合反映和监管，确保纳税活动的全面落实，让纳税人员自觉根据税法规定，进行税务缴纳的一项专业会计学科。税务会计是进行税务筹划、税金核算和纳税申报的一种会计系统。通常人们认为税务会计是财务会计和管理会计的自然延伸，而自然延伸的基本条件是税收法规逐渐趋于复杂化。目前，受各种因素的影响，大部分企业中的税务会计不能在财务会计和管理会计中分离出来，导致税务会计无法形成相对独立的会计系统。但财务会计和税务会计都是我国会计体系的重要组成部分，二者既有关联又有差别，具有一定的差异性和相似性，二者都是在符合国家法律和规章制度的基础上对经济利益进行保护，并为企业的客观财务信息提供支持，保证企业管理人员可以得到正确真实的财务信息。重视财务会计与税务会计之间的差异，并强化二者的差异协调，能够促使企业提高管理水平，进而实现整体经济效益的迅速发展。

一、财务会计与税务会计差异产生的原因分析

在新《企业所得税法》和《企业会计制度》实施后，财务会计与税务会计在会计目标和核算范围等方面都出现了新的差异，在我国经济快速发展及会计制度的一系列改革的促动下，财务会计与税务会计的差异越来越大。一方面，财务会计的核算流程、方式、内容都是依照财务会计的准则进行的，财务会计制度的重点是努力实现企业财务和经济的标准化，提供经济利益保障。税务会计的核算流程、方式、内容是依照税务会计的规定进行的，税务会计的重点是遵照国家税法的标准对纳税人进行征税，二者在本质上存在差异。当今，财会体系在形成中不断发展，特别是国家开展了关于财务领域的相关革新活动，使得财务会计领域的相关体系与准则和税法之间开始出现隔阂和距离。另一方面，许多单位的所有制也表现出多种样式，经济体制的逐渐改变也是导致二者产生差异的重要原因，它带动了所得税的变化，使税务会计与财务会计的差异日益明显。

二、财务会计与税务会计的差异分析

由于传统的经济管理体制不能适应社会的发展，随着税务职能的深入和渗透，财务会计与税务会计之间的差异日益凸显，二者在会计目标、核算对象、核算依据、稳健态度、会计等式和会计要素等方面都出现了明显的差异，下面对财务会计和税务会计两者的差异进行分析比较，从而为两者之间的协调提供更大的发展空间。

（一）会计目标的差异分析

会计目标是会计的重要组成部分，是会计理论体系的基础，其在特定情况下，会因受到客观存在的经济、社会现状及政治方面的影响而变化，对财务会计和税务会计所表现的会计目标差异进行分析具有重要的意义。

1. 基于财务会计的会计目标

财务会计要求从业人员依法编制完整、合法、真实的对外报告和会计报表来反映企业财务状况与经营成果，为管理部门和相关人员提供对决策有用的会计信息。财务会计目标在企业会计制度系统和财务会计系统中有着举足轻重的作用，是制定各种法则和规范会计制度的重要因素。一般来说，财务会计目标分为决策有用观和受托责任观。决策有用观是指信息使用人员要确立正确的财务会计目标，为管理层提供做决策有用的信息。受托责任观是指如实反映受托责任在进行的状况。另外，财务会计的目标是以记录和核算所有经济业务的情况为基础，编制资产负债、利润表、现金流量表和附表，向财务报告使用人员提供相应的企业经营成果、财务状况与现金流量状况等有关会计信息，对企业的管理层所托付的任务履行情况进行真实的反映，使领导层能够根据相关财务报告做出更加正确、合

理的经济决策。

2. 基于税务会计的会计目标

税务会计是商品经济阶段发展到市场经济阶段的必然产物，税务会计的目标：一方面以遵守税法的相关规定为基本目标，进行正确合理的计税、纳税和退税等操作，以实现降低成本的目的，使税务会计主体可以获得较大程度的税收收益。税务会计再通过向税务和海关部门纳税申报，将纳税信息提供给信息使用人员，帮助税务部门更加方便地征收税款。另一方面将有利于做决策的相关信息提供给税务管理部门和纳税企业管理部门；为了税务管理部门和纳税企业管理部门能更加正确地进行税务决策，也可以通过整合和运用高层相关人员所提供的相关信息，得到合理的决策方案，获取更大的利润收益。

（二）核算对象的差异分析

会计核算是指以货币为主要计量单位，对企业、事业、机关等有关单位的资金和经济信息利用情况进行记账。会计核算范围分为会计时间范围和会计空间范围。会计的时间范围，是指会计分期，通常会计从时间来看，是根据一个年度来划分范围的。会计的空间范围，是指会计主体，实际上看就是一个企业。另外，会计核算的范围从空间上看，它只核算本企业的经济业务。财务会计与税务会计二者的核算对象存在着明显差异，财务会计核算对象是通过货币来反映资金运动过程，而税务会计核算对象是通过税负来反映相关的资金运动过程。通过分析财务会计和税务会计之间的核算对象差异，对企业的业务操作与制度改进具有一定的参考价值和借鉴价值。

1. 财务会计的核算对象

财务会计通过货币计量，对相关企业所有的有关经济事项进行核算，为投资人和债务人等利益相关人员进行服务，财务会计核算的对象是可以用货币表现的全部资金活动过程，需要通过财务会计对有关资金状况进行核算。相关资金活动过程不仅可以在一定程度上反映有关企业的相关财务状况，而且可以对企业的一些资金变动和经营情况进行反映。将资金的投入、周转和循环、退出等过程作为核算的范围，也可以满足投资人员、经营管理人员、企业和国家的经济管理需求。总体上，财务会计的核算对象所涉及的范围要比税务会计更加广泛。

2. 税务会计的核算对象

税务会计是对纳税人的税收变动相关的经济事项进行核算，税务会计核算的对象仅仅是与企业税负有关的资金运动，包括财务会计中有关税款的核算、申报等内容，与税收没有关系的业务不需要进行核算，也反映出税务会计的核算对象是受纳税所影响而引发的税款计算、补退及缴纳等相关经济活动的资金运动。而且税务会计的核算范围和财务会计的核算范围还存在着一定的差异，具体表现在税收减免、纳税申报、收益分配及经营收入等和纳税相关的经济活动，相对来说税务会计涉及的范围比较小。

（三）核算依据的差异分析

财务会计和税务会计的核算依据有着明显的差异，财务会计的核算依据是按照企业会计准则和制度开展和组织活动，其核算的原则和方法都来自企业会计准则。而且企业会计准则会因为行业不同而存在一定的差异，具有一定的灵活性；另外，根据企业会计准则和相关制度的有关要求和规定对会计核算进行组织和真实的企业财务活动记录，并且提供有用的会计信息，协助企业经营和管理。其中依据会计准则就是要对外提供真实相关的具有高质量的财务报告。一方面要针对相关的资源管理和使用情况向企业管理层做出真实的反映；另一方面为财务报告使用人员提供正确合理的信息，帮助管理层做出正确的决策，对企业会计核算的一些不恰当行为进行规范。税务会计的核算依据是税收法规，核算原则和方法来自税法，税法具有强制性和无偿性、高度的统一性，用于规范国家征税主体和纳税主体的行为，从业人员要遵循税法的宗旨和规定进行核算，然后按照税法的规定对所得税额进行计算总结，并且向税务部门进行申报。税务会计核算要恪守法律规定，遵守国家对纳税人相关缴税行为的规定，目的是为了保证可以足额征收企业税款，以满足政府公共支出的需求，以及在国家和纳税人之间的财富分配。

（四）核算原则的差异分析

财务会计运用权责发生制作为核算原则，税务会计是在权责发生制基础上，运用收付实现制对其进行调整。由于权责发生制和收付实现制对同一笔经济业务的处理时间和处理原则不同，导致二者在入账时间及入账金额方面可能不一致。

（五）稳健态度的差异分析

会计稳健性原则是在会计核算中经常运用的一项重要原则，国家通过发布《企业会计制度》和具体会计准则充分体现了这一原则，对企业会计核算有重要的指导作用。稳健性原则是指当一些相关企业遇到没有把握或者不能确定的业务时，在处理过程中应该保持谨慎严谨的态度，可以记录一些具有预见性的损失和费用，并且加以确认。财务会计的稳健态度表现在以下方面：对企业可能造成的损失和费用进行预计和充分考虑，不去预计企业可能发生的收入，让会计报表可以更加准确地反映企业所发生的财务状况及经营成果，避免让报表使用人员误解或者错读报表信息。税务会计的稳健态度表现在以下方面：它不会预计未来可能发生的损失和费用，而只对一些已有客观证据并且可能在未来发生的费用进行预计，比如坏账计提，其具有一定的客观性。在市场经济的发展态势下，不可规避风险是很多企业不可避免的问题。在面对问题时，应该积极应对、坚持审慎严谨的原则，在风险实际出现之前做到未雨绸缪，减少风险并防范风险，以化解风险，这样既对企业做出正确和合理的决策有促进作用，也间接地提高企业对债权人利益的保障能力，进而使企业在市场上有更加强劲的竞争力。

（六）会计等式和会计要素的差异分析

会计要素是反映会计主体相关财务状况的基本单位，通过对会计对象进行基本分类而形成。财务会计有六个要素，包括资产、负债、所有者权益、收入、费用、利润。这六个要素存在联系也有区别，是会计对象具体化的反映，而且财务会计围绕着这六大要素来反映发生的内容和业务，它构成的会计等式为"资产＝负债＋所有者权益"，这是在编制资产负债表时要满足的原则。"收入－费用＝利润"，这是在编制利润表时要满足的原则。税务会计有四大要素，包括应税收入、扣税费用、纳税所得和应纳税额，其中应纳税额是核心，其他三个要素为应纳税额的计算提供前提条件。另外，这四个要素和企业应交税款关系密切，税法的应税收入可能与会计上的收入和费用会有所差异，在编制纳税申报表时，税务会计的四个要素构成了以下等式："应税收入－扣除费用＝纳税所得额""应纳税额＝应纳税所得额×税率"通过以上等式来更加具体地反映计税过程。

三、财务会计与税务会计的协调分析

在财务会计和税务会计的协调发展问题上，首先要明确两者之间的关系，才能在社会不断发展的过程中协调好两者的关系，避免出现方法不统一、关系严重不协调的现象，要做好财务政策与税收政策、会计政策之间的协调工作，强化会计处理方面的协调性，加强规范性。其次要放宽税法对会计的限制，加强税收法律和会计制度的适应性，重视两者的协调工作。最后要重视人才培养和信息披露，不断提高工作人员的整体素质，加强工作人员的从业学习能力，也要加强对信息的充分披露，确保会计信息能够全面、准确、充分的披露。处理好财务会计和税务会计的协调性，使两者之间政策的一致性得以保障，尽最大的可能减少差异的产生，这不仅可以促使国家经济的持续发展，为企业科学管理奠定基础，还可以保证会计信息的真实合理，促进企业效益得到有效的保障，从而实现企业价值最大化和效益最大化的管理目标。

（一）强化会计处理方面的协调

首先在会计处理方面，财务会计的核算在按照税法规定的同时也要联系相关的会计原则。税务会计可以将相关的税收理论转变成税法学的相关概念、原理和基础，使其能进一步和相关会计原理与准则相结合，并且借助会计方法，反映企业的应纳税额。税务会计要植根于财务会计，财务会计是税务会计的前提。其次需要统一会计核算基础，税收采用的是收付实现制，它虽然在操作方面比较便捷简单，有利于税收保全，可是会使应纳税所得额与会计利润之间产生差异，不能体现出税收公平的原则，既不符合收入和费用相匹配的会计原则，也不符合会计可比性信息质量的相关要求。所以在税务会计处理方面应该以权责发生制为基础进行计量，尽量减少税收会计和财务会计之间的差异，体现出税收的公平；

同时还要重视会计处理的规范化，财务会计制度和税收法律要体现在具体的工作中，会计制度要与税收制度相互协作，保障企业会计业务的规范化，根据会计理论和方法对税务会计理论体系进行完善，实现财务会计和税务会计的紧密联系。由于我国的会计处理方法还不健全、体制还不完善、缺少相关会计制度的制约，而且财务会计发展的时间比较久，所以它相对税务会计，已经形成了比较完善的财务会计理论体系，对我国的财务会计发展有着重要的指导和推动作用。因此要完善和规范会计制度，加强会计制度和税收的协调管理，相关政府部分需要加大对税务会计理论体系构建和完善的力度，加快税务会计的理论体系构建，将税收学科合理地应用于税收体系的构建当中，强化会计处理有利于我国税务会计学科的发展，为更好地完善财务会计制度奠定基础。同时也有利于会计制度和税收法律制度在管理层面上相结合，可以为财务会计和税务会计两方在企业上的协调发展做出贡献。

（二）放宽税法对会计的限制

一方面，税法应该适当有限度地放宽企业对风险的评估，这样既能保证企业的抗风险能力，也不会对税基造成损害，放宽税法对会计方法选择的限制有利于提高会计政策的灵活性，从而促进企业创新技术发展和增强竞争能力。税法可以规定在企业发生会计政策变更时，通过税务机关批准和备案，并且针对变更会计政策做出相应的规范方案，防止偷税漏税。另一方面，要强化会计制度和税收法规的适应性。由于财务会计是建立在相关会计制度和规章基础上的，而税收会计是建立在税收法律基础上的，二者的原则不同。因此，要更加重视税法和会计制度之间的适应性，会计制度要重视和关注税法监管的相关信息需求，实现和加大会计对税法和税收规章的信息支持效果，而税法也要积极加大对会计制度协调性的执行力度，在税收征管中与会计制度进行磨合，增强二者的协调性，这样既有利于财务会计和税务会计的合理协调，也可以推动企业和国家的经济发展。

（三）重视人才培养与信息披露

当前，由于大部分企业的财务人员和税务人员掌握的专业知识和理论都属于财务和税务分离的知识结构，甚至有一些工作人员只掌握其中一小部分知识。这不仅阻碍了企业的发展，而且限制了企业财务会计和税务会计的合理开展，所以企业要重视和加强企业财务人员对财务会计和税务会计的学习，增加其协调性。另外，财务会计人员在进行会计工作的时候，以《企业会计准则》为基准，遵守财经法规等职业道德，不断提升自己的专业学习能力、巩固专业知识、提高自己的素质等，保障企业的会计信息的客观真实、健全完整。同时，当前企业会计准则对企业披露信息要求比较低，导致披露不足，增加税务机关监管和征缴税款的难度，使得债权人不能充分了解和掌握企业有关税款征收的信息。针对现阶段的会计制度和对企业会计信息的披露制度不完善现象，努力加强政策宣传与会计信息披露，无论是税务部门还是财务部门都应该在宣传方面加大力度，提高对政策宣传的支持力度，保证能够把财务会计和税务会计的相关内容纳入宣传工作范围，从而提高会计制度和税收法律协调的效率。另外，应该保障会计报表的公开性和会计必要信息的完整披露，确保会计信息能够更加全面、更加准确、更加充分地披露，从而促进财务会计和税务会计的协调发展。

随着经济体制的不断改革和我国会计信息应用的不断多元化，税务会计和财务会计的矛盾和差异日益增大，两者的矛盾和差异为企业的发展和运作、财务与税务管理等方面带来许多困难和干扰，虽然我国已经在努力缩小财务会计和税务会计的差异，但是两者差异不可能立即消除，所以协调好两者的关系势在必行，针对当前存在的财务会计和税务会计之间的管理差异和不足，应该辩证对待，对两者的差异进行合理分析，在理论上争取不断地创新，在方法上不断健全和完善，结合当前的经济发展形势选择可行的协调模式。另外，还要强化会计制度和税法的适应度，加快税务会计和财务会计的理论体系构建速度，加强财务部门和税务部门的沟通，重视人才培养和提升人员素质、强化必要信息的披露工作、协调财务会计和税务会计之间的矛盾，使企业可以更科学更稳健地运转，这不仅对企业管理水平的提升具有重要意义，而且对我国经济发展也具有举足轻重的作用。

第三章 会计数据分析和研究

第一节 会计数据加工处理与分析方法

一、会计数据与会计信息

数据是指从不同的来源和渠道取得的原始资料。一般来说，数据还不能作为人们判断、得出结论的可靠依据。数据包括数字数据与非数字数据。在会计工作中，从不同的来源、渠道取得的各种原始会计资料称为会计数据，比如某日仓库的进货量、金额，某日某零件的生产量等等。在会计工作中，会计数据通常反映在各种内容和对外会计报表中。

会计信息与会计数据是两个紧密联系又有着本质区别的概念。会计信息是通过对会计数据的处理产生的，会计数据也只有按照一定的要求或需要进行加工处理，生成会计信息后才能满足管理的需要，为管理者所用。但会计数据与会计信息并没有明显的界限。有的会计资料对一些管理人员来说是会计信息，对另一些管理人员来说则需在此基础上进一步加工处理，才能成为会计信息。比如，某车间某月某部件的成本资料，对车间的管理员是会计信息，但对企业领导来说，需要的是企业的成本资料，因此该部件的车间成本资料仅是会计数据，还需进一步处理。

二、会计数据处理

会计数据处理是指对会计数据进行加工处理、生成管理所需会计信息的过程，一般要经过采集、录入、传输、加工、存储、输出等环节。会计数据处理不仅包括为提供对外报表所进行的一系列记账、算账、报账等工作，而且包括在此基础上为提供控制、预测、决策所需会计资料所进行的进一步的处理工作。会计数据处理是会计工作的重要内容之一，是进行其他会计工作和管理工作的基础。会计数据处理有手工处理、半手工处理、机械化处理、电子计算机处理四种方式，电子计算机处理是指应用电子计算机技术处理会计数据，这种处理方式是本节的主要论述对象。

三、会计数据处理的特点

1.数据来源广泛、连续性强、数据量大、存储周期长、类型较为复杂。输入时要进行严格的审核。

2.要求对所处理的会计数据的准确性要高。

3.信息输出频繁且信息量大，输出形式多种多样。

4.环节较多，处理步骤定期重复进行，处理过程必须符合会计制度和政府法规要求，并且方便审计。

5.证、账、表种类繁多，要作为会计档案长期保存，并方便查找。

6.会计数据处理的安全性、保密性要求高。

7.数据处理对象由货币、财务、定量向货币与非货币、财务与非财务、定量与定性转化。

8.处理的结果不仅要满足企业对外报表的需要，还应当满足其他信息需求者的要求。

四、会计数据的分析方法

数据加工是对数据进行各种计算、逻辑分析、归纳汇总使之转换为有用的信息的过程。数据加工方法因所处理的对象与所达到的目标不同而千差万别。数据处理与加工方法一般分为变换、排序、核对、合并、更新、抽出、分解、生成等八种。这八种操作是数据处理中最基本的加工操作。同时，现代高级数据处理系统已经引入了各种现代的技术手段，例如，采用预测技术、模拟技术、控制论、运筹学等方法对数据进行更高一级水平的加工。

会计工作的目的之一是提供决策用的财务信息。财务分析的主要目标有三个方面：分析公司的获得能力；分析公司的财务状况和偿债能力；分析公司筹资和投资的合理状况。

（一）财务分析的含义

财务分析，亦称财务报表分析，是运用财务报表的有关数据对企业过去的财务情况、经营成果及未来前景的一种评价。财务分析的主要内容是会计报表的分析、财务比率分析和预算分析。

不论是静态的资产负债表，还是动态的利润表和现金流量表，它们所提供的有关财务状况和经营成果的信息都是历史性的描述。尽管过去的信息是进行决策的主要依据之一，但过去未必能代表现在和将来。因此，财务报表上所列示的各类项目的金额，如果孤立起来看，是没有多大意义的。必须与其他金额相关联或相比较才能成为有意义的信息，供决策者使用。而这些正是财务分析所要解决的问题。

如何进行众多信息资料的收集、整理、加工，形成有用的分析结论，在手工会计条件下是难以全面展开的，而财务分析软件却做到了这一点。在财务分析软件里一般都设置了绝对数分析、定基分析、对比分析、环比分析、结构分析和趋势分析等多种专门的分析方法，提供了从经营者、债权人、投资者等多角度的分段报表选择，数据资源的共享功能，并提供计划情况分析。使分析工作者能轻松地完成对会计数据进一步加工的工作，及时、迅速、准确地获取有用的信息，为决策提供正确、客观的依据。财务分析的基本原则是趋势（动态）分析和比率（静态）分析相结合、数量（金额）分析与质量分析相结合、获得能力分析和财务状况分析相结合、分析过去与预测未来相结合。

（二）财务分析的基本方法

财务分析的方法灵活多样。随着分析对象、企业实际情况和分析者的不同会采用不同的分析方法。这里仅介绍几种常用的分析方法。

1. 趋势分析法

趋势分析法是根据一个企业连续数期的财务报表，比较各期的有关项目金额，以揭示当期财务状况和经营成果增减变化及其趋势的一种方法。趋势分析可以做统计图表，以观察变化趋势，但通常用的则是编制比较财务报表的方法。趋势分析的具体方法如下：

（1）比较各项目前后期的增减方向和幅度。先把前后期各项目的绝对金额进行比较，求出增或减的差额，再将所求差额除以前期绝对额，求出增或减的百分比，以说明其变化的程度。

（2）求出各项目在总体中所占的比重（百分比）。例如，利润表中以销货净额为总体（100%），资产负债表中分别以资产总额和权益总额为总体（100%）。比较利润表的分析及比较资产负债表的分析，都使用趋势分析法。

2. 比率分析法

比率分析法是在同一张财务报表的不同项目与项目之间、不同类别之间，或在两张不同财务报表，如资产负债表和利润表的有关项目之间，用比率来反映它们的相互关系，以便从中发现企业经营管理中存在的问题，并据以评价企业财务状况的好坏。分析财务报表所使用的比率以及对同一比率的解释和评价，随着分析资料使用者的着眼点、目标和用途不同而异。

3. 构成分析法

构成分析法是以报表或账簿上某一关键项目作为基数，计算其构成因素所占项目的百分比。

4. 比较分析法

比较分析法是通过对经济指标在数据上的比较，来揭示经济指标之间数量关系和差异的一种分析方法。比较分析法主要有绝对数分析法、定基分析法、环比分析法三种形式。

第二节　会计数据综合利用的途径

在现代企业中，会计工作是一项重要的管理工作，财务部门是管理信息的主要来源之一，会计信息系统提供的信息量占企业全部信息量的 70% 左右，企业会计电算化系统的建立和会计核算软件的使用，使会计工作发生了质的变化，从会计凭证填制与生成、账簿登记、报表生成及内部控制都发生了深刻的变化，并产生了丰富的会计数据。这些数据如何加以综合利用，使之在企业管理、经营、分析、预测和决策中发挥更有效的作用，是企业管理者共同关心的问题，也是会计软件发展的趋势之一。计算机在会计工作中的引入，大大加深与拓宽了会计数据的利用深度和广度，减轻了会计人员的核算工作量，从而为会计数据的综合利用提供了技术手段的保证。进行会计数据综合利用的途径如下：

一、对会计软件本身提供的数据处理功能进行综合利用

商品化会计软件或者自行开发的会计软件一般都有以下几种功能：

1. 会计业务处理功能，包括会计数据输入、会计数据处理、会计数据输出。

2. 系统控制功能，包括数据完整性、可靠性控制，数据安全性控制和保留足够的审计线索。

3. 系统操作的简便性和容错性，包括系统的菜单或者对话框应该符合日常的会计核算流程，任何操作都应该有必要的提示，对误操作应该有警告和提示信息。

4. 系统的可移植性，即应满足硬件和操作系统的升级需要。如用友 U8 管理软件，由财务、购销存和决策三部分组成。各部分相对独立，其功能基本能满足用户的管理需要，并且能融会贯通、有机地结合为整体应用，因而能更进一步满足用户全面经营管理的需要。同时，该软件增加了计划、控制、分析、预测、决策功能，实现了会计软件从事后核算到对过程控制的转变和财务与管理的一体化。提供了应收、应付款管理，资金占用、信贷管理，成本计划、预测和核算，项目管理，费用预算控制，采购管理，库存管理，存货管理，工资管理及固定资产管理等功能。引入系统管理功能，可以进行财务分析、数据提取、自定义查询等系统内部数据资源的综合利用，从而变静态管理为动态控制，为预测、分析、决策提供保证，实现真正的决策支持。

二、利用会计软件本身的开放接口进行二次开发

会计电算化信息系统内各子系统之间都存在着数据接口，用以传递各子系统内部之间的信息。这种数据传递通常是依据事先设计好的数据模式，通过计算机按照模式定义，自

动采集、加工、处理数据，最后生成传递的数据，并输入系统间的数据接口或加载到另一个系统中去。然而，在实际业务中，用户对软件的使用和对信息的需求，不全是按照开发上的设计来进行的，不同的用户对数据具有不同的需求。许多会计软件提供将所有的账簿、报表数据转换成 Excel、Foxpro、SQL Server 及文本节件等格式的功能，提供通过直接从 SQL Server 获取数据的方式[①]。这样做，一方面有利于用户进行系统的二次开发；另一方面使得会计软件更易于与第三方软件结合，充分利用信息资源。如用友 U8 管理软件可以借助系统自由表的链接与嵌入功能，能在一个应用程序的文档中包含另一个应用程序创建的信息。例如，在自由表中插入 Microsoft Excel 电子表格、Word 文档等支持链接与嵌入功能的程序。

三、利用财务分析模块实现数据的综合利用

财务分析是指以企业财务报表和其他资料为依据和起点，采用一定的方法，系统分析和评价企业的过去和现在的经营成果、财务状况及其变动，目的是了解过去、预测未来，提供企业集团的辅助决策信息。

财务比率是根据财政部公布的、评价单位经济效益的六大类指标体系（共 24 个基本财务指标），并规定其各自相对应的计算公式而形成的。目前，大多数会计软件如用友、金蝶、国强等软件中都设计了财务分析模块，对会计数据进行分析比较，提供的分析功能主要有财务指标分析，包括变现能力比率、资产管理比率、负债比率、盈利能力比率等内容；标准指标分析、理想指标分析、报表多期分析；同时还具备变动百分比、结构百分比、定基百分比、历史比率分年分析、财务状况综合评价及盈利能力、偿债能力、成长能力等指标分析。分析的结果以报表或图形的方式直观地提供给用户。有些软件中还提供了现金收支分析功能，向客户提供现金收支表、现金收支增减表、现金收支结构表等信息。

利用会计软件进行财务分析时，首先要进行一定的初始化操作，用来设定一些基本的分析项目和指标等。然后，指定指标数据的分析日期，以及比较日期等时间信息，就可得到相应的分析内容。例如，利用用友会计软件进行财务比率分析时，具体分析操作过程一般包括指标初始、指标调用、指标分析、保存和打印。

（一）财务比率初始化

财务比率指标的数据来源于企业总账系统，初始化的作用在于选定本单位需要分析的具体财务指标，以使指标分析更简洁、清楚地反映分析者的意愿。

操作时，用鼠标双击系统主界面中的指标初始显示分析指标项目，然后选定具体需要分析的指标，单击某一指标的比率名称完成操作。

---

① 蒋占华 . 最新管理会计学 [M]. 北京：中国财政经济出版社，2014.

（二）分析日期与比较日期选择

在财务分析模块中，双击系统主界面中的指标分析，从弹出的"基本指标分析"对话框中进行分析日期与比较日期选择。分析日期可以按月、季、年进行选择；比较日期有本年年初与任一期两种选择，在系统中，可以同时选中，也可以只选其中之一。选定任一期作为比较日期，即把"选定分析日期"的指标与将要进行比较的某会计年度中某一期进行比较。例如，选择按月分析：分析日期为 2003 年 2 月，比较日期为 2003 年的 1 月。

四、利用会计软件中报表处理功能实现财务分析

虽然各会计软件公司纷纷推出财务分析模块，但由于这些模块往往仅限于对资产负债表、利润表等当年信息数据进行分析；财务分析的数据来源比较单一、计算方式有限，使财务分析工作存在较大的局限性。

利用报表处理子系统中报表格式灵活多样、数据来源多、计算方式多样，有的软件还可调用系统函数等优势，可以弥补分析软件在综合利用会计数据时功能的不足。

许多软件的报表功能已日趋强大，不仅能够方便直观地编制报表，而且很容易建立一套会计数据分析和会计数据核算的模型，以及企业内部的事务管理系统，为会计管理、决策服务。前面介绍的财务分析中的指标、比率均可用报表处理软件实现，甚至利用报表功能还可进行成本分析和生产管理。

利用会计报表建立财务分析的一般操作步骤如下：

（1）设计和确定一种会计数据的分析模型。

（2）进入报表系统，完成报表格式设置，指定报表标题、行列信息等内容。

（3）具体描述报表内容，定义报表项目。

（4）定义每一具体项目的公式，包括取数方式、数据来源、运算公式等信息。

（5）调用报表计算功能，生成分析报表。

（6）打印输出、查询或转出分析结果。

五、利用辅助账管理实现数据综合利用

手工会计下，会计核算方法遵循会计准则和会计制度的要求，按照一个会计核算期内初始建账时所设置的科目体系结构进行数据逐级汇总核算。若想按管理需要的核算模式进行特殊的会计处理，在手工会计下难以实现。会计电算化后，辅助账管理功能的引入，有效地解决了上述问题。辅助账特别是"专项核算""台账"等功能，是按照"分析核算"和"会计信息重组"的思路进行设置的，即在日常设置的会计科目结构体系进行常规会计核算的基础上，由用户根据自己的管理需要，进行"任意"的组合，完成账务数据的交叉

汇总、分析和统计，生成不同科目结构的会计核算数据，从而达到多角度分析会计数据的目的，如根据企业的商品、部门、人员、地区、项目等进行专项处理，可获得有关的财务信息。

将多种辅助账簿，如专项核算和台账结合在一起，组合为专项核算台账，可对某核算项目的信息进行多方位、即时的数据查询，再利用报表功能将辅助账信息进行重组，以表格或图形的方式提供给用户，更能体现出这一手段的强大功能。

第三节　从会计软件中获取数据的方法

财务分析的对象是会计数据，如何从会计软件中获得所需的数据，以及如何从不同角度取数是进行财务分析的前提。手工会计下，会计数据存放在凭证、账簿和报表等纸介质之中，因此，获取会计数据只能靠人工摘录、抄写和复制。会计电算化后，使传统的会计的数据处理方式、存储方式、输出方式发生了根本性变化，它可以根据企业管理、分析、预测、决策的各种需要，做到及时、准确地提供丰富的数据源和复杂的计算结果。

一、会计数据源分析

根据会计数据存放介质和范围的不同，会计数据源可分为以下几种：

（一）手工会计数据源

各单位在开展电算化时，不可能一开始就建立完整的电算化核算系统，往往是从账务处理、会计报表子系统开始，逐渐向其他子系统扩展。因此，在电算化工作起始阶段，会计数据不能完整地从机内得到，有些数据仍需从手工账簿中获取。

（二）单机环境下的数据源

对于小型企业来讲，会计核算往往在单机中进行。大部分数据存放于本地计算机内，且数据不能共享，获取数据时，必须借助于软盘等磁介质。

（三）局域网环境下的数据源

越来越多的单位逐渐建立基于局域网环境下的计算机会计信息系统。在局域网环境中，会计核算工作是在若干个工作站和网络服务器构成的局域网络环境中进行的，会计数据保存在本地的网络服务器中，单位内部可实现数据资源共享。

（四）广域网环境下的数据源

随着全球以国际互联网为中心的计算机网络时代的到来，一些大型企业、集团公司、跨国公司纷纷建立广域网环境。广域网环境下，不仅能够即时提供集团公司内部的会计数据，而且能提供丰富的外部信息，不少软件已推出了具有 Web 功能的远程查询系统，以访问不同地区的多种数据源。

（五）辅助数据源

财务分析时除会计信息之外，还需要其他的辅助信息，如市场信息、金融信息、政策信息等，还需从其他管理系统中，如生产管理系统、物料管理系统、人事管理系统中获取信息。

二、从会计信息源中获取信息的途径

（一）一次输入、多次使用

会计软件的设计者充分考虑了数据的共享和重复使用，因而所有的会计数据在一次录入后，均可多次重复使用，如采购单录入后，可直接生成凭证，并转入账务处理子系统；成本费用可以在成本核算中录入，进行成本计算后再通过凭证自动生成，引入账务处理子系统，从而为会计数据分析模块提供数据源。

（二）查询录入

查询录入是指管理者通过查询和阅读获取数据后，通过人工录入的方式将相关数据存入会计管理系统的数据分析文件中。对于没有实现完整电算化的单位而言，这一方式是必不可少的[①]。例如，某单位没有使用固定资产核算模块，若要分析与固定资产有关的数据，就必须从手工账中查阅到该信息后，将其录入计算机。

（三）机内取数

运用会计软件或其他计算机应用软件所提供的取数工具，直接从存在于机内的账务、报表等模块中读取或生成所需的财务分析数据。这是获得会计数据的主要途径。

（四）利用数据库本身提供的数据转出获取数据

各种大型数据库都提供了导出功能，可以将指定的数据以指定的文件格式转出，不同的数据库的转出功能可以参照相应的数据库管理手册。有些软件中提供了"查询数据转出"功能，可以直接将查询到的数据引出，提供给财务分析模块使用。

---

① 唐清安，韩平，程永敬，等 . 网络课堂的设计与实践 [M]. 北京：人民邮电出版社，2003.

（五）读取存于机外磁介质或光盘介质中的数据

机外磁介质和光盘介质可用来存放会计源数据和辅助数据源文件。会计软件可自动从这些介质上直接获取数据，并将其存放在财务分析模型中。这种方式适用于单机之间数据的传递。如某集团公司欲从各销售网点中获取有关销售数据，各网点独立运行单机的销售软件，这时就要求各销售网点将装有销售数据的软盘送到总公司，由计算机完成自动读取数据的工作。

（六）网络传送

对于局域网络环境来说，财务分析系统可自动从网络服务器上直接获取数据，并将其存入财务分析模型中。例如，在局域网络环境中，不同的会计数据（如账务数据、材料核算数据、固定资产核算数据、成本核算数据等）是由不同的子系统产生的，但最终都存放在服务器上，此时，财务分析系统可自动从网络服务器上直接获取数据。

对于采用广域网络环境的单位来说，各分公司、子公司或基层单位的会计业务处理都在不同城市的计算机中完成，并存放在当地计算机或服务器中。总公司、母公司或上级单位所需的财务管理与决策数据来自下属单位，因此，各分公司、子公司或下属单位定期（1天、5天或10天）利用远程通信工具，通过调制解调器、电话线和国际互联网，就可以坐在办公室里，轻轻松松地向上级单位报送会计数据。上级单位在收到所属单位传送的会计数据后，便可由财务分析系统自动从主网络服务器上或本地硬盘中直接获取数据。

第四节　资产减值准备对会计数据的影响

随着我国经济的不断发展，企业资产减值也面临着机遇和挑战。虽然资产减值准备还处于发展的初期阶段，但是资产减值准备对会计数据的影响却是深远的。本节通过分析资产减值准备的概念，了解资产减值准备的范围，探讨资产减值准备中存在的计量上的缺陷及监督管理不严谨等问题，提出加强监督体制改革和完善计量方面的措施，为资产减值准备提供可靠保障。

当前阶段，随着企业资产减值行为的不断增多，资产减值准备也受到了社会各界的关注。企业在经营过程中存在许多不确定性的风险，因此，在会计核算过程中，需要通过严谨的判断指出企业面临的不确定因素，对面临的风险和损失进行充分的估计，以保证资产的真实性。

一、资产减值准备概述

在国际会计准则中对资产减值的定义是资产可以回收的资金小于其账面价值。我国会计准则以国际会计准则为基础，通过对企业资产潜在的损失和风险进行审核评估，以资产可能或已经存在的减损现象为根据，定义资产减值准备的概念。

根据相关制度规定，企业需要在一定时期内对各项资产进行检查，包括固定资产、投资资产等，对资产中可回收金额低于账面价值的计提为资产减值准备。资产减值准备范围较广泛，包括坏账准备、短期投资跌价准备、长期投资减值准备、存货跌价准备等。

综上所述，资产减值准备就是对企业资产净值减项的反映，是对企业经营状况和财务情况的一种反映，也是为了避免资产由于计量上的不真实造成的资产虚假现象。企业资产减值准备，既能够解决资产价值波动问题，又能够遵守会计处理原则，对企业的发展非常重要。

二、资产减值准备对会计数据的影响

（一）更真实地反映资产价值和利润

会计要素的确认和计量缺少可靠性，导致会计信息失去真实性。长时间以来，企业资产账面价值与资产本身的价值存在一定差距，资产负债表中的资产存在不真实现象，这样企业的资产损失较多，但是坏账准备计提比例又很低，与实际的情况相违背，允许计提的坏账准备与存在的坏账准备存在较大差别，导致企业会计数据中反映的现象与实际情况不符合。部分企业的很多过时存货已经失去价值，但是报表上仍反映其成本价值。有的投资已经失去效益，甚至连成本资金都很难收回。例如投资企业已经亏空停业，投资成本损失，报表却无法显示真实的投资状况。以上现象可以通过计提资产减值准备反映企业真实的资产状况和利润情况，提高企业会计信息的可靠性。

（二）坏账准备对企业会计数据的影响

坏账准备的计提方法是根据企业自身实际情况自行制订的，坏账准备计提方法制订后不能随意更改，如果需要更改，需要在会计报表附注中写明原因。企业的坏账准备比例主要是根据经营经验、债务单位的实际财务状况等相关信息，通过科学合理的计算进行估计的。坏账准备由企业自己调整计提比例，这一点有利有弊。一方面，对于会计核算正规、资产较好的企业来说，能够根据财务报告真实地反映企业的财务状况和经营成果，起到积极作用；另一方面，部分企业通过调节坏账计提比例来调整企业财务状况，通过调整计提比例来增加当期费用，减少利润，减少当期纳税。

（三）投资减值准备对会计数据的影响

首先，短期投资减值准备。会计准则中规定，企业在短期投资过程中，可以根据投资的资本与市价比较，根据实际情况通过投资比例、投资类型和单项投资进行计提跌价准备，如果其中一项短期投资的比例较大，占据整个短期投资的 10% 以上，可以按照单项投资为基础计算其计提跌价准备，由于会计准则中的规定相对灵活，给企业的操控和选择留有了空间，部分企业根据总体、类型或单项的选择来控制利润，使总体计提跌价损益失去可靠性。其次，长期投资减值准备。根据投资总则的要求，企业需要对长期投资的账面价值进行定期和不定期的检查，至少每年检查一次。如果由于市场价值的持续下降或投资部门经营状况发生变化导致其投资项目可回收金额低于投资账面价值，可以计算可回收金额与投资账面金额之间的差额，以此来作为当期投资的损失。然而，在实际操作中，企业的部分长期投资中，有的投资有市价，有的投资没有市价，根据不同情况通过财务人员对长期投资项目经营状况进行判断而采取不同方法的资产减值准备。但是，对投资项目经营情况的判断主要根据从业人员的职业水平和主观判断 [1]。从客观的角度来讲，每个企业的情况不同，每个财务人员的价值观和专业水平不同，在企业结构不清晰、市场机制不完善的情况下会导致判断结果的偏差，使得部分企业利用这一漏洞操控计提资产减值准备的结果。

（四）存货跌价准备对会计数据的影响

企业进行存货跌价准备需要满足一定的条件，主要包括以下几种情况：第一，市场价格持续下降，在未来的一段时间内很难升值。第二，企业在生产产品时，使用的原材料的成本价格高于其销售价格。第三，企业产品生产不断进行生产工艺和技术的更新换代，原有的库存材料已经不能满足产品生产的需要，而该材料的市场价格又低于投资的价格。第四，企业所生产的产品因消费群体减少或消费人群喜好改变而使市场需求量减少，导致市场价格降低。第五，其他证据证明该项存货实质上已经发生了减值的情形。当存在上述情况中的一项或几项时，应当对存货进行跌价准备。对于已经发生变质或过期的无价值存货，或者生产中不再需要，已经无法实现使用价值和转让价值的存货计提存货跌价准备。在相关准则中，由于存货跌价准备可以进行单个或分类计提，而存货计提状况判断主要由企业自行决定，这就给了企业一定的灵活性，同时也给企业会计数据准确性造成了一定的影响，给一些动机不良的企业提供了可乘之机。

（五）计提资产减值准备对会计数据的影响

计提资产减值会给会计数据带来负面影响，不能体现会计数据的稳健性。在会计制度的严格要求下，资产减值准备在每个季度末能够合理地预计几项重要资产可能发生的减值

---

① 王伯庆 . 2011 年中国大学生就业报告 [M]. 北京：社会科学文献出版社，2011.

准备，根据规定能够有效地减少企业资产计量缺少真实性造成的资产夸大和利润虚增等现象，进而能够从会计信息上较真实地反映企业经营的现象和财务真实状况，保证企业财务信息的真实可靠。但是，计提资产减值准备存在较大的随意性，计提过程中，很大程度上取决于会计人员的职业判断。这样一来，会计人员的主观思想在计提资产准备过程中占据主导地位，如果没有很好的控制尺度，很容易产生隐匿资产现象，使企业经营状况和财务状况不能真实地得到披露，从而影响信息使用者的利益。

三、资产减值准备在企业会计中存在的问题

（一）计量上存在缺陷

资产减值产生的原因主要是资产账面价值大于可回收价值，其根本原因在于我国会计计量存在缺陷，计量发展存在滞后性。国际上，一般企业采用公允价值计量模式，而我国还采用传统的计量模式，没有统一的计量模式，且在计量方面的制度还不完善，不利于资产减值工作的进行，影响了资产减值准备工作的准确性。

（二）财务人员素质不高

资产可回收价值是计提和确定资产减值准备过程中较为重要的依据，而在资产减值准备过程中，财务人员的判断能力和专业水平更是资产减值准备确定的关键性因素。当前阶段，我国企业财务人员素质普遍不高，缺少专业的水平和丰富的经验，没有较好的判断能力。而且，企业部门对财务人员的监督管理松懈，没有严格的管理制度和管理措施，导致资产和利润估计不准确现象频繁发生，给资产减值准备工作发展带来困难。

（三）监管机制不完善

当前阶段，我国企业资产减值准备监管机制不完善，导致资产减值准备再确认缺少权威性。在会计审计过程中，没有合理的监督管理制度做指导，没有完善的监督管理体制发挥作用，导致会计信息存在虚假现象，在资产准备中难以进行准确判断，不利于企业资产减值准备的良好发展。而且，没有完善的监管机制无法实现工作人员行为规范，很难推动企业资产减值的进一步发展。

四、解决资产减值准备问题的对策

（一）统一计量模式

由于计量模式不统一，导致标准多、规则多，难以控制和掌握，因此，可以参考国际会计准则的资产减值计量标准，通过对中国国情的研究和我国当前企业发展现状，制定适合我国的独立的资产减值准则。此外，在建立统一计量模式的同时，需要对现金流量净现

值进行计算，估计各现金流出量、流入量及贴现率和使用期限等，这就对我国财务人员的专业水平和能力提出了更高的要求。

（二）提高财务人员的专业素质

科学合理的业绩考核制度不仅能够帮助企业更好地管理资产，也是提升企业影响力的重要手段。所以，完善企业业绩考核制度不仅是提高财务人员专业水平的有效措施，更是加强企业内部管理的重要手段。通过建立考核制度，提高财务人员的职业道德素质和专业能力，建立物质、精神奖励，激励工作人员的工作热情。同时，减少操纵利润、虚增企业资产的不良行为，打造健康的企业内部、外部环境。提高财务人员的能力，使其适应当前经济发展形势，在资产减值准备中拥有更精准的判断力，保证资产减值信息的真实可靠。

（三）完善监管机制

首先，良好的监督管理是企业资产减值准确性的有效保证，更是企业资产减值准备有效性的重要保障。通过建立严格的监督管理体制，加强对企业资产减值定期和不定期的审计与监督。通过单独审计加强资产减值准备计提的可靠性，与此同时严格规范财务人员的工作行为和规范，在工作过程中进行监督管理，不断推动我国企业资产减值准备工作的发展。其次，完善的市场机制能够增强财务人员对资产减值准备的可操控性，为资产减值准备提供可靠性保障。因为目前我国的市场体系不够完善，会计信息存在不真实、虚假现象。通过完善市场机制，能够保障会计信息的真实性，为企业计提资产减值准备提供真实可靠的数据信息，为推动资产减值准备发展奠定基础。

综上所述，企业资产减值准备是对一个企业经营成果、财务状况的真实反映，当前社会经济发展过程中，企业资产管理是必不可少的一部分。资产减值准备包括很多部分，通过每个部分对企业的整体财务现象反映出来，其中资产减值准备对会计数据产生一定的影响，包括正面影响和负面影响。我国资产减值准备要想全面发展，需要在发挥其积极作用的同时，减少其消极影响。

第五节　大数据对会计核算的影响分析

随着云时代的到来，大数据在更多的行业受到了关注，大数据和云计算技术具有对数据快速处理和分析等优势，在互联网时代对各行各业的发展提供了有力的发展环境。会计核算与纳税筹划是一门对数据分析和处理要求较高的工作，引入大数据财务运算技术，使会计核算工作的数据处理效率和质量提高。一般情况下，大数据的财务运算技术主要以云计算为依托，通过复式记账的方法来对财务进行处理，现阶段企业的财务数据信息主要建立在云服务器的数据库上。

大数据的发展对会计核算行业也有着重要的影响，从数据的总体性要求原则、会计信息质量要求原则上发生了改变，改变了以往传统的会计核算模式，先进的计算机技术使会计核算工作变得简单化、智能化和高效化。然而由于大数据本身的一些缺陷与会计核算工作的特点存在冲突，因而完全改变传统的会计核算工作也会带来多方面的影响。

一、大数据的定义

大数据是随着互联网技术的发展而出现的新名词，它是指数据的规模巨大且利用现行的软件无法在一定的时间内完成数据抓取、处理、分析和转化的有用数据集合。大数据是一个较为广泛的概念，它的应用范围也较为广阔，如互联网大数据等，对企业的发展具有推动作用。当前大数据主要涵盖两种或两种以上的数据形式，用于在使用大数据进行数据分析的同时，能够从中寻找到自己想要的信息或内容，一些企业还能够通过大数据对用户的行为习惯和特点进行分析，并将分析的报告作为企业下一阶段产品设计、生产及广告投放的基础。如通过大数据可以调查用户对某一产品的兴趣度，可以分析用户的年龄、性别及喜好、建议等，可作为市场调查的有力依据。大数据能够高效率、低成本收集不同容量和频率的新一代处理技术，因而具有成本的优势。

二、大数据对会计核算的影响分析

（一）会计核算数据的真实性受到影响

大数据对会计核算工作带来的影响首先是给数据的真实性带来影响，其中大数据包含的数据极多且种类和渠道是多样化的，而在会计核算工作的开展中，大数据通过自身快速的数据分析能力和处理能力，能够提升核算工作的效率，节省更多的时间。在传统的会计核算工作中，会计人员对于海量的信息数据不能够很快地做出反应去对数据进行辨别，使会计的工作效率大大降低，不能为企业带来最大的经济效益与社会效益。然而在社会实践的过程中，会计人员的信息核算不能简单地以主管的思想对数据内容进行判断，而应建立在一定的理论和数据模型分析的基础上。

（二）改变了投资方的投资视角

大数据的应用中，会计的质量要求虽然能够很大程度上满足企业的发展需要，但是现代的企业在寻找投资者时，会关注企业内部存在的风险，因此对企业的财务报表会详细地了解。企业将财务报表制作得科学合理且符合企业的发展实际，使投资方看到企业的潜力和发展实力，能从根本上带来更多的投资和关注。大数据的分析和应用使投资方能够看到企业一方内部经营的状况，从而实现数据的发展和应用。

（三）有利于企业的风险评估

大数据技术的应用能够使企业关注自身在市场竞争中的地位和形象，了解自身的发展概况，从而深入企业的发展规划中对企业将面对的风险进行评估，使企业能够在信息全球化的形势下立足。风险评估是企业未来发展规划中应预测的内容，企业根据自身的发展经历和发展现状，并考察外部的市场环境和趋势，对未来的发展态势和前景进行评估，而这些数据主要是通过大数据来实现的。

（四）提高财务信息的整理和传送效率

企业会计工作应准确和及时地完成，在企业的交易结束以后，会计人员需要对财务信息进行整合与传送。设计人员将信息传送到财务人员的位置，使这些信息能够很好地传送到指定的位置。企业在大数据的影响下才能够及时了解到相关数据内容，并确保数据的时效性，提高财务信息的整体效率，让财务信息更加清晰有序。

（五）企业会计信息对外更易理解

由于工作的原因，企业的会计信息有时需要对外进行展示，传统的会计信息展示方法相对来说，非专业的人士较难看懂①。而在大数据计算分析以后的会计核算的信息，用户能够快速浏览到其中的重点和精华，可以快速找到自己想要了解的信息和知识内容，使会计信息的内容更容易被人理解。

（六）市场化效果强

会计核算工作在以往的发展中，由于其形式是静态的，所以很难满足日益变化的互联网市场竞争需要。大数据技术的应用使会计的核算工作以及效果呈现可以转移到手机终端或 PC 终端等，用户能够观测动态的内容，并能够随时对其中的内容进行查阅和了解，这样会计核算工作的市场化程度加深。

（七）加速企业的资金周转

大数据技术的应用依托于互联网技术，而互联网技术的第三方支付平台让资金的流动速度加快。当前企业的资金实际流动状况，通过大数据的报告可以体现出来，企业的财务报告可以将分析的数据结果展现在投资方面前。依托于互联网的多种技术周转和应用，加速了企业资金的运转和利用率。

（八）会计核算数据的精准性降低

大数据的出现使传统会计核算工作中的弊端消除，改变了传统的会计核算模式，改善

---

① 许尔忠，等 . 走向应用型 [M]. 武汉：武汉大学出版社，2015.

了数据真实性的问题。大数据的应用使得会计行业的精准性受到影响，会计核算的特点是高度的精准性，而大数据无法保证这一要求的实现。现代企业人员与会计人员对数据的关注不仅仅是精准，还包括时效性。会计人员通过收集到的数据信息，能够及时地进行预测，再通过信息的分析能够使未来企业的发展受到影响。大数据中多样的信息给人们带来有利的一面高于有弊的一面，所以信息的精准度要求会有所降低，使得会计的核算工作处于矛盾的状态中。大数据时代的到来，会计信息化发展中非结构信息受到更多的人关注，以前会计人员没有利用和分析到的数据信息，成为限制企业发展到重要内容。因此会计人员应重新找寻工作模式，将企业中的非结构化数据进行大量的收集，并利用计算机技术对其进行理解和分析，从而能够为企业所服务。

三、大数据时代未来会计核算行业的发展趋势

大数据的发展和应用对会计核算工作带来的影响是有利有弊的，但是其也具有自身的优点，在实际的会计核算工作中，大数据的应用应在满足用户服务的基础上实现。企业的会计人员应不断提升自身的综合素养，学会利用计算机技术来开展会计核算工作，同时将会计核算工作的内容水平不断地提升，提升财务数据整理和传输的效率，使自身的技能不断丰富完善，以便于应对大数据时代的到来，迎合时代的发展潮流，为企业创造更多的经济价值。

云技术的应用与发展，使互联网大数据平台与我们的生活息息相关，企业通过大数据的应用能够为企业自身的发展服务，帮助企业在激烈的市场竞争中找到立足之地，顺应时代的发展潮流。会计核算对数据的精准度以及真实性要求高，大数据在这一方面的数据分析具有一定的模糊性，使其不能完全取代传统的会计核算模式，但是其自身的优势可以为会计核算工作所用，如财务数据信息的整理与传送等，帮助会计工作者提升工作的效率，这也需要会计人员能够与时俱进，不断提升自身的能力素质和水平，从而更好地应对时代发展的潮流。

第六节　基于数据挖掘的会计管理分析

随着计算机技术的飞速发展，会计管理也逐步实现了计算机化，计算机进行会计管理过程中会产生大量的数据，这些数据含有很宝贵的潜在价值，值得去进行分析。要对这些大数据进行分析，光依赖人工是无法实现的，因此，基于数据挖掘技术的汇集管理与数据分析应运而生。本节在介绍数据挖掘技术的基础上，阐述其在会计管理与分析中的应用研究。

数据挖掘就是指从超大量的计算机数据中寻找和分析对企业有潜在价值的数据信息的步骤，该过程可以为企业的生产、经营、管理和风险评估带来巨大的价值，大大提高企业的管理水平和风险防御能力。因此，数据挖掘技术被广泛应用于企业管理、生产制造、政府管理、国家安全防御等各行各业中。某调查数据显示，大约有 30% 的数据挖掘技术被应用于会计管理领域，32% 的数据挖掘技术被应用于金融分析与管理领域，用在信息系统和市场领域的分别占 29% 和 9%。该数据显示数据挖掘已经广泛应用于会计管理中，其可以帮助企业分析和挖掘出更多潜在的客户、供货商、潜在产品市场及内部管理的优化数据等等，这些都将为企业提供更优化的管理依据和运营模式，以提高企业的综合实力，增强其在市场中的竞争力。

一、数据挖掘技术概述

（一）数据挖掘的基本定义

数据挖掘是通过某种算法对计算机系统中已经生成的大批量数据进行分析和挖掘，进而得到所需有价值的信息或者寻求某种发展趋势和模式的过程，数据挖掘是将现代统计学、计算机算法、离散数学、信息处理系统、机器学习、人工智能、数据库管理和决策理论等多学科的知识交叉在一起所形成的。它可以有效地从海量的、繁杂的、毫无规律的实际应用数据中，分析得到潜在的有价值的数据信息，供企业使用，帮助其改善管理流程，并在管理者做判断时提供有价值的参考。决策树算法、聚类分析算法、蚁群算法、关联分析算法、序列模式分析算法、遗传算法、神经网络算法等都是数据挖掘技术中常用的算法，可以大大提高数据挖掘的效率和质量。

（二）数据挖掘的基本流程

SEMMA 方法是目前最受欢迎的一种数据挖掘方法，其由 SAS 研究所提出。它主要包括数据样本采集、大数据搜索、数据调整、模型建立和挖掘结果评价五个数据挖掘步骤。

数据样本采集过程是在数据挖掘之前进行的数据储备过程，该过程一般是先根据预先设定的数据挖掘目的，选定要进行挖掘的现有数据库。采集过程主要是通过建立一个或多个数据表来实现的。所采集的样本数据不仅要足够多，以使这些数据尽可能涵盖所有可能有价值的潜在信息，还要保持在一定的数量级下，防止计算机无法处理或者处理很慢。大数据搜索过程主要是对上一阶段所采集的大样本数据进行初步分析的过程，通过对这些海量数据进行初步分析以发现隐藏在数据中的潜在价值，从而帮助调整数据挖掘的方向和目标。数据调整过程主要是对前面两个过程所得到的基本信息进行进一步的筛选和修改，使其更加有效，方便后续进行建模处理，提高所建数学模型的精度。模型建立过程主要是通过决策树分析、聚类分析、蚁群算法、关联分析、序列模式分析、遗传算法分析、神经网络等分析工具来建立模型，从采集的海量样本数据中寻找那些能够对预测结果进行可靠预测的模型。挖掘结果评价过程主要是对从数据挖掘过程中发现的信息的实用性和可靠性进行评估。

二、数据挖掘在管理会计中的运用

随着市场经济的发展，企业所面临的竞争压力越来越大，因此，企业管理者要赢得这场激烈的市场竞争，就必须及时准确地掌握企业运行动态、市场趋势、产品发展趋势等关键决策信息。而要想得到这些重要信息就要重视管理会计的作用，这是现代企业决策支持系统的重要组成部分，以及如何有效地、准确地发现这些关键数据已经成为制胜的关键决策，涉及会计管理庞大的数据量，必须分析这些海量的数据，从而获取潜在的有价值的信息，使用数据挖掘技术来分析关键的决策信息，以帮助企业提高成本管理，提高产品质量和服务质量，提高商品的市销率等[①]。

（一）作业成本及价值链的数据挖掘

运营成本精确控制可以帮助企业精确计算企业的运营成本、企业资源最合理的配置和使用，但其精确的成本控制是非常复杂的，在过去的完成过程中需要花费大量的时间和精力，难度非常大。数据挖掘技术的回归分析、分类分析和管理会计主管人员的其他方法，可以释放大量的数据，它可以自动通过计算机数据挖掘系统获得精确的工作成本。同时，它也可以对运营成本与价值链之间的关系进行分析，判断增值作业和非增值作业，持续改进和优化企业的价值链，帮助企业降低运营成本，提高盈利能力。

（二）资金趋势的数据挖掘

会计经理经常需要现金流的趋势来预测未来的业务分析，以帮助制订下一年度的资本预算。但预测是基于历史数据和大量相应的预测模型的，通过执行数学预测模型，而它是非常难以获得的。为了克服这个问题，可以充分利用数据挖掘技术，它可以自动提取大量的数据在根据预先设定的规则所要求的预测信息范围内，并通过趋势分析、时间序列分析、神经网络分析、聚类分析、情报分析，在建立如成本、资金、销售预测等数学模型来预测的运营指标的准确和高效的企业的基础上，为未来的决策提供指导和参考。

（三）投资决策数据挖掘

现有的投资决策分析涉及复杂的因素，如财务报表、运营数据、资本流动、外部市场环境、宏观经济环境，依赖于其他企业的产品，这是一个非常复杂的过程，它需要智能工具和模型。数据挖掘技术提供了一个非常有效的投资决策的分析工具，它可以直接在分析数据的基础上，从公司的财务、外部市场环境、宏观经济环境和企业产品数据的依赖等因

---

① 宋丽群. 财务管理 [M]. 北京：北京大学出版社，2011.

素着手，在海量数据中挖掘有用的信息和有关决策确保投资决策的准确性和有效性。

（四）顾客关系管理数据挖掘

良好的客户关系的管理模式对大公司来说是非常重要的，可以大大提高企业的竞争力。它是基于客户关系管理模型并通过数据挖掘已经优化潜在的客户关系管理模型，可以从现有的大规模的客户关系管理数据进行分析。首先对客户群体进行分类，然后利用聚类分析工具对数据挖掘技术进行分类来发现客户群体行为的规律，使客户群体得到差异化的服务并进行实施；对客户深入分析的潜在价值，一般来说，我们可以从客户数据和客户行为中挖掘出来客户的需要和偏好等因素，而这些因素都是通过动态的跟踪和监控，并提供根据产品的特点和个性化的服务，从而建立长期的客户合作关系，提高客户的忠诚度。

（五）财务风险数据挖掘

企业要想健康长远的发展，必须加强对金融风险评估和分析警告。风险评估难度大、周期长的传统模式，难以满足企业的实际需求。在此基础上，会计师可以通过建立企业财务危机模式的企业破产预测、盈利预测、投资预测，并利用数据挖掘工具共享的效率和准确性进行财务风险的预测和企业的综合评估，并进一步进行其他方面的预测分析。通过建立这些完美的预测模型，可以极大地提高企业的管理水平和管理人员的综合素质，让他们及时了解财务风险、运营风险、投资风险，并让企业提前来改善企业的基础，采取风险防范措施。

会计管理信息化的过程中会产生大量的数据，这些数据都是企业巨大的潜在财富和价值，要充分利用好这个潜在财富价值，就必须找到相应的有利的工具。而数据挖掘技术可以高效地从这些海量的数据中挖掘出对企业有价值的潜在信息，为管理者的各项决策和控制提供可靠的依据，因此，会计管理人员要加强对数据挖掘技术的学习和应用，为企业的发展注入新的活力。

第四章　会计信息化与财务会计信息化

第一节　信息技术对会计的影响

信息技术的进步和应用的普及，对人类社会产生了极大的影响，也在不断地推进着管理科学的发展。计算机技术在会计工作中已经得到了普遍应用，手工会计系统已经被计算机会计信息系统所取代。信息技术与新的管理思想和管理方法相结合，打破了传统的管理规则，创造出许多新的组织结构形式和管理方式，特别是网络环境为企业创造了尝试多种形式管理的空间。这一切也必然对会计学科和会计实务工作产生深远的影响。

一、对会计学科的影响

我国著名的会计学家杨纪琬先生曾预言："在 IT 环境下，会计学作为一门独立的学科将逐步向边缘学科转化。会计学作为管理学的分支，其内容将不断地扩大、延伸，其独立性相对地缩小，而更体现出它与其他经济管理学科相互依赖、相互渗透、相互支持、相互影响、相互制约的关系。"

二、对会计理论的影响

信息技术的应用对会计理论产生了以下方面的深远影响：

（一）对会计目标的影响

会计目标是会计理论体系的基础，会计目标主要体现在向谁提供信息、应该提供哪方面的信息或提供哪些信息等问题。传统会计将会计信息的使用者作为一个整体，提供通用的会计报表来满足他们对信息的需求。在网络经济时代，会计信息的需求者与会计信息的提供者可以利用网络实时双向交流。例如，财会人员在了解了企业管理层的决策模型之后，可以针对其需要，向其提供专门的财务报告和相关信息。因此，信息技术可以使会计提供适用于不同决策模型的含有不同内容的专用财务报告。

（二）对会计假设的影响

会计假设是会计核算的基本前提，是商品经济活动条件下进行会计活动的基本环境和先决条件。传统财务会计以会计主体、持续经营、会计分期和货币计量四项基本假设为基础，而基于网络的会计由于其特殊性往往可以不受这四项基本假设的束缚。

1. 对会计主体假设的影响。在网络经济环境下，企业可以借助网络进行短期联合或重组，形成虚拟企业，从而导致会计主体具有可变性，使得会计主体认定产生困难，使会计核算空间处于一种模糊状态，虚拟经济的出现对传统会计主体假设是一种挑战。

2. 对持续经营假设的影响。在网络经济时代，企业可以根据需要借助网络相互联合起来完成一个项目，当项目完成之后，这种联合随之解散。这种临时性的网络企业在网络经济时代将十分普遍，使企业持续经营的前提对其不再适用。

3. 对会计分期假设的影响。会计分期的目的是为了分阶段地提供会计信息，满足企业内部和外部管理或决策的需要。限于处理能力，会计期间分为年度、季度和月份。在网络经济时代，通过网络，企业内外部会计信息的需求者可以动态地得到企业实时的财务信息，在这种情况下，会计分期已从年、季、月缩短为日甚至到实时。ERP 环境下的会计已经实现了这一点。

4. 对货币计量假设的影响。在网络经济时代，连接各国的信息网络使全球形成统一的大市场，经济活动国内与国外的界限变得模糊起来。同时，国际贸易的剧增使得币种多而且币值变动大，这些都对货币计量假设提出了挑战。在网络环境下，完全可能出现一种全球一致的电子货币计量单位，用以准确地反映企业的经营状况。

（三）对会计要素的影响

传统财务会计将会计要素划分成反映财务状况的会计要素（资产、负债、所有者权益）和反映经营成果的会计要素（收入、费用、利润）。随着信息技术的发展和应用，数据处理的速度会越来越快，会计要素的划分可以更加细密和更有层次，以便更加准确地反映企业资金的运动状况。

三、对会计实务的影响

信息技术的应用对会计工作实务也产生了深远的影响。

（一）对会计数据采集的影响

面向供应链的管理理念与信息技术相结合，改变了传统会计数据的采集—核算—披露流程的处理方式。所谓供应链管理是指通过加强供应链中各活动和各实体间的信息交流与协调，增大物流和资金流的流量和流速，使其畅通并保持供需平衡。企业内部网通过防火墙，一方面使企业与未授权的外部访问者隔离；另一方面允许内部授权的活动延伸到企业外部，与关联企业如供应商、经销商、客户和银行之间形成范围更广的网络应用系统。这个网络应用系统人们称之为企业外部网。在这种情况下，不仅是企业内部，即使外部的经济活动发生端的数据采集，也不再需要大量的财会人员根据原始凭证录入，而是系统的实时处理功能使数据的采集伴随着网上交易、结算活动及物资与价值的流动同时完成，实现会计数据的实时采集。

（二）对财务报告的影响

当前的财务报告有很多局限，无法反映非货币化会计信息，无法反映企业发生的特殊经济业务，如衍生金融工具等。在信息技术环境下，财务报告会突破上述限制，拓宽信息披露的范围，不仅提供财务信息，还提供非财务信息，如风险信息、不确定信息、前瞻性信息、创新金融工作信息、企业管理信息等；充分揭示企业现金流量的变化、财务状况的变动趋势，全面反映企业的经营状况，满足不同信息使用者的要求。

四、对会计职能和观念的影响

（一）会计工作组织体制发生变化

在手工会计中，会计工作组织体制以会计实务的不同性质为主要依据。一般来说，手工会计中划分为如下专业组：材料组、成本组、工资组、资金组、综合组等。它们之间通过信息资料传递交换、建立联系，相互稽核牵制，使会计工作正常运行。其操作方式是对数据分散收集、分散处理、重复记录。

会计信息化后，会计工作的组织体制以数据的不同形式作为主要依据，一般划分为如下专业组：数据收集组、凭证编码组、数据处理组、信息分析组、系统维护组等。其操作方式是集中收集、统一处理、数据共享，使会计信息的提取、应用更适应现代化管理的要求。

（二）会计人员素质发生变化

会计人员不仅要具有会计、管理和决策方面的知识，还应具有较强的计算机应用能力，能利用信息技术实现对信息系统及其资源的分析和评价。

（三）会计职能发生变化

会计职能是会计目标的具体化，会计的基本职能是反映和控制。信息技术对会计的两大基本职能将产生重大的影响。

从会计反映职能上来看，在信息技术条件下，由于计算机处理环境的网络化和电子交易形式的出现，因此建立基于计算机网络的会计信息处理系统已成为必然。在这种会计信息处理系统中，企业发生的各种经济业务都能自动地从企业的内部和外部采集相关的会计核算资料，进行实时反映。

从会计控制职能上来看，由于会计信息系统实现了实时自动处理，因此，会计的监督和参与经营决策的职能将显得更为重要。会计监督职能主要包括监督自动处理系统的过程和结果，监督国家财经法规和会计制度的执行情况，通过网络对企业经济活动进行远程和实时监控。会计的参与经营决策的职能主要通过建立一个完善的、功能强大的预测决策支持系统来实现。

（四）会计观念需要创新

现在的社会经济环境、企业组织方式、企业规模等已经发生了重大变化，会计行业对如何提供信息需要有更加创新的视角。

企业除了追求营业利润外，更多的是要关注自身产品的市场占有率、人力资源的开发和使用情况，以及保持良好的社会形象。同时，知识经济拓展了企业经济资源的范围，使企业资源趋于多元化。人力资源将成为资产的重要组成部分，并为企业所拥有和控制，为企业提供未来经济效益。因此，会计工作必须树立增值观念，将增值作为企业经营的主要目的，定期编制增值表，反映企业增值的情况及其在企业内外各收益主体之间的分配情况。资产应包括人力资产和物力资产两个部分。

在信息时代，信息传播、处理和反馈的速度大大加快，产品生命周期不断缩短，市场竞争日趋激烈，企业的经营风险明显加大，因此，会计工作还要树立风险观念。会计工作既是一种生成信息、供应信息的工作，也是一种利用信息参与管理的工作。企业管理的信息化也对财会人员提出了更高的要求，一个大企业如何进行会计核算，如何推进会计及企业管理的信息化，如何利用信息化的手段提高企业的市场竞争力、实现管理创新，正成为财会人员面临的新挑战。

五、对会计信息系统的影响

目前，国内建立的会计信息系统基本上都是用于处理已发生的会计业务，反映和提供已完成的经营活动的信息。然而，现代经济活动的复杂性、多样性和瞬间性，对管理者提出了更高的要求。每一个管理者都需要依靠科学预测来做出决策，而管理者的决策方式已从经验决策方式转向科学决策方式，应加强智能型会计决策支持系统的开发与应用，会计决策支持系统是通过综合应用运筹学、管理学、会计学、数据库技术、人工智能、系统论和决策理论等多门学科构建的。

信息技术的飞速发展，会计信息系统将向模拟人的智力方向发展。系统将会有听觉、视觉、触觉等功能，能模拟人的思维推理能力，具有思考、推理和自动适应环境变化的功能。专用会计信息系统将向通用会计信息系统发展，会计信息系统将是一个基于网络的信息系统。因此，企业集团可以利用数据库与网络，建立跨会计主体和跨地域的集团内部会计信息系统，实现"数据大集中、管理大集权"的目标，与会计工作方法的创新相适应。

第二节　会计信息化概述

一、会计电算化

（一）会计电算化的概念

会计是旨在提高企业和各单位活动的经济效益，加强经济管理而建立的一个以提供财务信息为主的经济信息系统。过去，人们利用纸、笔、算盘等工具开展会计工作，随着科学技术的发展，人们开始利用电子计算机来开展会计工作，形成了会计工作的电算化。

会计电算化，是"电子计算机在会计中的应用"的简称。"会计电算化"一词是于1981年8月财政部和中国会计学会在长春市召开的"财务、会计、成本应用电子计算机专题讨论会"上正式提出的。国内有的人又将会计电算化称为"电算化会计""计算机会计"，国外有人称其为"电算化会计信息系统"。

会计电算化的含义有狭义和广义之分。狭义的会计电算化是指以电子计算机为主体的电子信息技术在会计工作中的应用；广义的会计电算化是指与实现电算化有关的所有工作，包括会计软件的开发与应用、会计软件市场的培育与发展、会计电算化人才的培训、会计电算化的宏观规划和管理、会计电算化制度的建设等。

（二）会计电算化的特征

与手工会计工作相比，会计电算化具有以下特征：

1. 人机结合

在会计电算化方式下，会计人员填制电子会计凭证并审核后，执行"记账"功能，计算机根据程序和指令，在极短的时间内自动完成会计数据的分类、汇总、计算、传递及报告等工作。

2. 会计核算自动化、集中化

在会计电算化方式下，试算平衡、登记账簿等以往依靠人工完成的工作，都由计算机自动完成，大大减轻了会计人员的工作负担，提高了工作效率。计算机网络在会计电算化中的广泛应用，使得企业能将分散的数据统一汇总到会计软件中进行集中处理，既提高了数据汇总的速度，又提升了企业集中管控的能力。

3. 数据处理及时准确

利用计算机处理会计数据，可以在较短的时间内完成会计数据的分类、汇总、计算、传递和报告等工作，使会计处理流程更为简便，核算结果更为精确。此外，在会计电算化方式下，会计软件运用适当的处理程序和逻辑控制，能够避免在手工处理方式下出现的一些错误。以"记账"处理为例，记账是计算机自动将记账凭证文件中的数据登记到总账、明细账、日记账等相关账户上，账户的数据都来源于记账凭证文件，数据来源是唯一的，记账只是"数据搬家"，记账过程中不会出现数据转抄错误，因此会计电算化方式下不需要进行账证、账账核对。

4. 内部控制多样化

在会计电算化方式下，与会计工作相关的内部控制制度也将发生明显的变化，内部控制由过去的纯人工控制发展成为人工与计算机相结合的控制形式。内部控制的内容更加丰富，范围更加广泛，要求更加明确，实施更加有效。

（三）会计电算化的产生和发展

1. 会计电算化的产生

1954 年，美国通用电气公司运用计算机进行工资数据的计算处理，揭开了人类利用计算机进行会计数据处理的序幕。我国 1979 年首次在长春第一汽车制造厂进行电子计算机在会计中的应用试点工作。

2. 会计电算化的发展

依据划分标准不同，会计电算化的发展阶段亦不相同。本节以会计软件的发展应用为参照，介绍会计电算化的发展过程。

（1）模拟手工记账的探索起步阶段。我国的会计电算化是从 20 世纪 80 年代起步的，当时的会计电算化工作主要处于实验试点和理论研究阶段。这一阶段的主要内容是利用计算机代替手工处理大量数据，实质是将电子计算机作为一个高级的计算工具用于会计领域。

此阶段主要是实现会计核算电算化，是会计电算化的初级阶段。利用计算机模拟手工记账，不仅模拟手工环境的会计循环，而且模拟手工环境的数据输出形式，利用计算机完成单项会计核算任务，缺乏信息共享。

（2）与其他业务结合的推广发展阶段。进入 20 世纪 90 年代后，企业开始将单项会计核算业务整合、扩展为全面电算化。这一阶段引入了更多的会计核算子系统，形成了一套完整的会计核算软件系统，包括账务处理子系统、报表处理子系统、往来管理子系统、工资核算子系统、固定资产核算子系统、材料核算子系统、成本核算子系统、销售核算子系统等。企业积极研究对传统会计组织和业务处理流程的重新调整，实现企业内部以会计核算系统为核心的信息集成化，在企业组织内部实现会计信息和业务信息的一体化，并在二者之间实现无缝联合。

（3）引入会计专业判断的渗透融合阶段。我国顺应新形势的要求，于2006年2月建立了与国际准则趋同的企业会计准则体系，该体系引入了会计专业判断的要求。同时，新准则审慎引入了公允价值等计量基础，对会计电算化工作提出了新的要求。企业和会计软件开发商紧密围绕会计准则和会计制度，通过与会计电算化工作的不断调整、渗透和融合，逐步完成从单机应用向局域网应用的转变，尝试建立以会计电算化为核心的管理信息系统。

此阶段是会计电算化发展的高级阶段，目的是实现会计管理的电算化。这一阶段是在会计核算电算化的基础上，结合其他数据和信息，借助于决策支持系统的理论和方法，帮助决策者制订科学的决策方案。

（4）与内控相结合建立ERP系统的集成管理阶段。2008年6月，财政部、审计署、银监会、证监会、保监会、国资委等六部委联合发布了《企业内部控制基本规范》。这标志着我国企业内部控制规范建设取得了更大突破和阶段性成果，是我国企业内部控制建设的一个重要里程碑。内部控制分为内部会计控制和内部管理控制。内部会计控制是指单位为了提高会计信息质量，保护资产的安全完整，确保有关法律法规和规章制度的贯彻执行而制订和实施的一系列控制方法、措施和程序。

随着现代企业制度的建立和内部管理的现代化，单纯依靠会计控制已难以应对企业面对的内、外部风险，会计控制必须向全面控制发展，传统的会计软件已不能完全满足单位会计信息化的要求，逐步向与流程管理相结合的ERP方向发展。

与内控相结合的ERP系统的集成管理，实现了会计管理和会计工作的信息化。目前这一阶段尚在进行中，但已经取得了令人瞩目的成果。有的大型企业已经利用与内控相结合的ERP系统，成功地将全部报表编制工作集中到总部一级。

二、会计信息化

从会计电算化的发展过程可以看出：会计软件的功能越来越强大，由最初的核算功能向管理功能、决策功能发展，会计处理上实现了财务业务一体化处理，进而实现了与内部控制的高度融合，工作重点由会计核算转向会计管理；会计工作的物质载体也由当初的电子计算机发展到以计算机和网络通信为代表的信息技术。伴随着电子商务的飞速发展，会计的一些方法技术也随之发生了变化。这些变化的内容都超出了当初会计电算化的内涵，而与当今信息化环境紧密相关。1999年4月，在深圳召开的"会计信息化理论专家座谈会"上，与会专家提出了"会计信息化"的概念。国家重视会计信息化建设，2009年4月12日，财政部以财会〔2009〕6号文件的形式印发了《财政部关于全面推进我国会计信息化工作的指导意见》；2013年12月6日，财政部以财会〔2013〕20号文件的形式印发了《企业会计信息化工作规范》。相关文件提出了要促进会计信息化建设，并对企业开展会计信息化做出了具体规定。

会计信息化，是指企业利用计算机、网络通信等现代信息技术手段开展会计核算，以及利用上述技术手段将会计核算与其他经营管理活动有机结合的过程。

三、会计信息系统

（一）会计信息系统的概念

会计信息系统（Accounting Information System，AIS）是指利用信息技术对会计数据进行采集、存储和处理，完成会计核算任务，并提供会计管理、分析与决策相关会计信息的系统。

（二）会计信息系统的构成要素

会计信息系统是一个人机结合的系统，该系统由人员、计算机硬件、计算机软件和会计规范等基本要素组成。

1. 计算机硬件

计算机硬件是指进行会计数据输入、处理、存储及输出的各种电子设备。如输入设备有键盘、鼠标、光电扫描仪、条形码扫描仪、POS 机、语音输入设备等；处理设备有计算机主机；存储设备包括内存储器和外存储器，其中内存储器包括随机存储器和只读存储器，外存储器包括硬盘、U 盘、光盘等；输出设备有显示器、打印机等。网卡、网线、数据交换机等电子设备也属于计算机硬件。

2. 计算机软件

计算机软件是指系统软件和应用软件。系统软件是用来控制计算机运行、管理计算机的各种资源，并为应用软件的运行提供支持和服务的软件。系统软件是计算机系统必备的软件，如 Windows 操作系统、数据库管理系统，是保证会计信息系统正常运行的基础软件；应用软件是在硬件和系统软件支持下，为解决各类具体应用问题而编制的软件，如 Microsoft Office 软件、会计软件等。会计软件是专门用于会计核算与会计管理的软件，没有会计软件就不能称之为会计信息系统。

3. 人员

人员是指会计信息系统的使用人员和管理人员，包括会计主管、系统开发人员、系统维护人员、软件操作员等。人员是会计信息系统中的一个重要因素，如果没有一支高水平、高素质的会计人员和系统管理人员，硬件、系统软件、会计软件再好，整个系统也难以稳定、正常地运行。

4. 会计规范

会计规范是指保证会计信息系统正常运行的各种法律、法规及单位规章制度。如《中华人民共和国会计法》《企业会计准则》及单位内部制定的硬件管理制度、内部控制制度等。

四、会计软件

（一）会计软件的概念

会计软件，是指企业使用的，专门用于会计核算、财务管理的计算机软件、软件系统或者其功能模块，包括一组指挥计算机进行会计核算与管理工作的程序、存储数据以及有关资料。例如，会计软件中的总账模块，不仅包括指挥计算机进行账务处理的程序、基本数据（如会计科目、凭证等），而且包括软件使用手册等有关技术资料。

（二）会计软件的功能

1. 为会计核算、财务管理直接采集数据。
2. 生成会计凭证、账簿、报表等会计资料。
3. 对会计资料进行转换、输出、分析、利用。

（三）会计软件的分类

1. 按适用范围分类

按适用范围，会计软件分为通用会计软件和专用会计软件。通用会计软件是指软件公司为会计工作专门设计开发，并以产品形式投入市场的应用软件。专用会计软件是指专门满足某一单位使用的会计软件。

2. 按会计信息共享程度分类

按会计信息共享程度，会计软件分为单用户会计软件和网络与多用户会计软件。单用户会计软件是指将会计软件安装在一台或几台计算机上，每台计算机上的会计软件单独运行，生成的会计数据不能在计算机之间进行交换和共享的会计软件。网络与多用户会计软件是指不同工作站或终端上的会计人员可以共享会计信息，通过各用户之间资料共享，保证资料一致性的会计软件。

3. 按功能和管理层次的高低分类

按功能和管理层次的高低，会计软件分为核算型会计软件、管理型会计软件、决策型会计软件。核算型会计软件是指主要具备会计的日常业务核算功能的会计软件，如完成账务处理、薪资核算、固定资产核算、应收（付）款核算、报表编制等功能。会计核算功能是会计软件最基本的功能。管理型会计软件是在核算型会计软件基础上发展起来的，除了具备会计核算功能，还具有会计管理控制功能的会计软件，如资金管理、成本控制、预算控制等功能。决策型会计软件是在管理型会计软件的基础上，具备预测、决策等功能的会计软件，如本量利分析、资金和成本预测、投资决策等功能。

五、ERP 的概念

ERP 是企业资源计划（Enterprise Resource Planning）的简称，是指利用信息技术，将企业内部所有资源整合在一起，对开发设计、采购、生产、成本、库存、分销、运输、财务、人力资源、品质管理进行规划，同时将企业与外部的供应商、客户等市场要素有机结合，实现对企业的物质资源（物流）、人力资源（人流）、财务资源（财流）和信息资源（信息流）等进行一体化管理（"四流一体化"或"四流合一"）的管理平台。其核心思想是供应链管理，强调对整个供应链的有效管理，提高企业配置和使用资源的效率。

ERP 是由美国著名咨询管理公司 Gartner Group Inc. 于 1990 年提出的，最初被定义为应用软件，其迅速为全世界商业企业所接受，现已经发展成为现代企业管理理论之一。

在功能层次上，ERP 除了最核心的财务、分销和生产管理等功能外，还集成了人力资源、质量管理、决策支持等企业其他管理功能。会计信息系统已经成为 ERP 系统的一个子系统。

六、XBRL 的作用、优势和发展历程

（一）XBRL 的概念

XBRL 是可扩展商业报告语言（Extensible Business Reporting Language）的简称，是一种基于可扩展标记语言（Extensible Markup Language）的开放性业务报告技术标准。

XBRL 是以互联网和跨平台操作，专门用于财务报告编制、披露和使用的计算机语言，基本实现了数据的集成与最大化利用以及资料共享，是国际上将会计准则与计算机语言相结合，用于非结构化数据，尤其是财务信息交换的最新公认标准和技术。通过对数据统一进行特定的识别和分类，可直接被使用者或其他软件读取及进一步处理，实现一次录入多次使用。

（二）XBRL 的作用与优势

XBRL 的主要作用在于将财务和商业数据电子化，促进财务和商业信息的显示、分析和传递。XBRL 通过定义统一的数据格式标准，规定了企业报告信息的表达方法。会计信息生产者和使用者可以通过 XBRL，在互联网上有效处理各种信息，并且迅速将信息转化成各种形式的文件。

企业应用 XBRL 的优势主要表现在以下几个方面：

1. 能够提供更精确的财务报告与更具有可信度和相关性的信息。
2. 能够降低数据采集成本，提高数据流转及交换效率。
3. 能够帮助数据使用者更快捷方便地调用、读取和分析数据。
4. 能够使财务数据具有更广泛的可比性。

5. 能够增加资料在未来的可读性与可维护性。

6. 能够适应变化的会计准则的要求。

（三）我国 XBRL 的发展历程

我国的 XBRL 发展始于证券领域。2003 年 11 月，上海证券交易所在全国率先实施基于 XBRL 的上市公司信息披露标准；2005 年 1 月，深圳证券交易所颁布了 1.0 版本的 XBRL 报送系统；2005 年 4 月和 2006 年 3 月，上海证券交易所和深圳证券交易所先后分别加入了 XBRL 国际组织。此后中国的 XBRL 组织机构和规范标准日趋完善。

2008 年 11 月，财政部牵头，联合银监会、证监会、保监会、国资委、审计署、中国人民银行、税务总局等部门成立了中国会计信息化委员会暨 XBRL 中国地区组织。2009 年 4 月，财政部在《关于全面推进我国会计信息化工作的指导意见》中将 XBRL 纳入会计信息化的标准。2010 年 10 月 19 日，国家标准化管理委员会和财政部颁布了可扩展商业报告语言（XBRL）技术规范和企业会计准则通用分类标准，这成为中国 XBRL 发展历程中的一个里程碑，表明 XBRL 在中国的各项应用有了统一的架构和技术标准。

2011 年财政部组织以在美上市公司为主的 15 家国有大型企业，以及 12 家具有证券期货相关业务资格的会计师事务所开展通用分类标准首批实施工作，取得良好成效。2012 年财政部在 2011 年的基础上扩大实施范围，增加 17 个省区市开展地方国有大中型企业实施工作，同时联合银监会组织包括 16 家上市银行在内的 18 家银行业金融机构开展实施工作。

第三节　信息技术环境下会计人员的价值取向

与手工环境相比，在现代信息技术环境下从事会计工作的会计人员价值取向发生了很大的变化。

一、会计人员角色和职能的变化

首先，信息技术的应用彻底改变了会计工作者的处理工具和手段。由于大量的核算工作实现自动化，因此会计人员的工作重点将从事中记账算账、事后报账转向事先预测、规划，事中控制、监督，事后分析及决策的一种全新的管理模式。

其次，在信息技术环境下，会计人员要承担企业内部管理员的职责。并且随着外部客户对会计信息需求的增长，会计人员应及时地向外传递会计信息，为社会、债权人、投资者、供应商和客户、兄弟行业及政府管理部门等一切会计委托和受托者负责披露会计信息，提供职业化的会计和财务咨询服务。

最后，在信息技术环境下，会计人员不再仅仅客观地反映会计信息，还应使会计信息增值和创造更高的效能。特别是由于会计人员对企业的业务流程有独到理解，并具有组织会计和财务信息的高超技艺，他们可以参与企业战略和计划的辅助决策，将注意力更多地集中到分析工作中而不只是提供会计和财务数据，其作用更多地体现在通过财务控制分析参与企业综合管理和提供专业决策。换言之，未来的会计师将是企业经理的最佳候选人之一。

二、会计人员和会计信息系统关系的变化

与手工环境相比，在信息技术环境下，会计人员不仅是会计信息系统的信息提供者和使用者，同时还是会计信息系统所反映的各种业务活动规则、控制规则和信息规则的制定者和会计信息系统的维护者。会计人员的职责将得到大大提升，主要表现在如下几个方面。

（一）科学使用会计信息系统的会计信息

在现代信息技术环境下，特别是在网络环境下，会计人员可以通过内联网（Intranet）、外联网（Extranet）和互联网（Internet）按事先制订的业务活动规则和权限来控制采购、仓储、生产和销售等环节财会数据的实时采集。客观上就要求会计人员能够准确地分析数据，并提出科学的分析结论和决策方案，工作重心转移到对会计数据管理监控、分析和财务决策上。

（二）制订各种业务活动、会计控制和会计信息的规则

为了使财会人员能科学地使用财会信息，一个重要的前提是在会计信息系统实施中，会计人员应与业务人员协作共同完成业务流程的优化或重组，并根据会计管理的需求制订各种会计控制和会计信息规则。

（三）会计信息系统的维护

随着管理理念和信息技术的不断发展，会计信息系统也应不断地在维护中实现自身的动态变革。与信息技术人员不同，会计人员对会计信息系统的维护重点表现在如下几个方面。

1. 根据会计管理变革的新需求，提出对会计控制规则和会计信息规则变革的新需求。

2. 协助信息技术人员正确理解、抽象和描述上述规则。

3. 在信息技术人员完成规则变革的信息设计后，会计人员对会计信息系统的新功能进行验收评测。

三、会计人员能力需求和知识结构的变化

为了使会计人员能胜任信息技术环境下的职责，对会计人员的能力和素质的需求也发生了变化。

（一）能力需求

在信息技术环境下，常规且结构化的会计核算和财务管理等工作将由基于信息技术的信息系统完成。会计人员应更多地从事那些非结构化且非常规的会计业务，并完成评价信息系统及其资源的工作，因此未来的会计人员应具备如下五种能力。

1. 沟通技能

沟通技能要求会计人员不仅能提供信息，而且能与企业高层领导和其他管理者交换信息，建立有意义的关系。

2. 战略性和关键性的思考能力

这种能力要求会计人员能够将会计数据、信息、知识和智慧联系起来以提出高质量的建议。

3. 关注企业客户和市场的发展

它要求会计人员能够比竞争对手提供更好的、满足客户不断变化需求的建议。

4. 为关联信息提供科学解释

这种能力要求会计人员能够为互相有内在联系的会计、财务及非财务信息提供科学解释。

5. 技术熟练

技术熟练指会计人员能够熟练地利用会计和信息技术，并推动信息技术在会计工作中的应用，制订会计信息化实施的各种规则。

（二）会计人员应具备的知识体系

信息技术用于会计工作中所涉及理论和方法学具有很强的综合性，它涵盖如下多门学科的相关知识。

1. 管理科学：一般管理学和经济管理学，包括会计学、财务管理和审计学等。

2. 信息技术科学：计算机软硬件技术、网络通信技术、数据库技术和多媒体技术等。

3. 信息系统理论和方法科学：老三论，即系统论、控制论和信息论；新三论，即耗散结构论、突变论和协同论；以及行为科学等。

4. 信息系统实施和管理科学：软件工程、项目管理、IT 治理、工程监理和评估等。对于会计人员及从事会计信息化的人员而言，由于角色不同，上述各知识点的掌握要求也

不同。

（三）会计人员的价值取向

会计人员为保持其自身的价值，必须做到如下几个方面。

1.建立持续教育和终身学习的信念，会计人员应该得到持续教育，而不仅仅是通过资格认证。

2.保持自身的竞争力，能够熟练并有效率地完成工作。

3.应恪守职业道德，坚持会计职业的正直及客观性。

第四节　财务会计的基本前提

财务会计的基本前提，也称财务会计基本假设或会计假设，它是财务会计进行确认、计量和报告的前提，是对财务会计核算所处时间、空间环境等所做的合理设定。财务会计的基本前提包括会计主体、持续经营、会计分期和货币计量。

一、会计主体

会计主体是指财务会计为之服务的特定单位，是会计工作特定的空间范围，即企业财务会计确认、计量和报告的空间范围。为了向信息使用者反映企业财务状况、经营成果和现金流量，提供与决策相关的有用的信息，企业应当对本身发生的交易或者事项进行会计确认、计量和报告，反映企业本身所从事的各项生产经营活动。明确界定会计主体是进行会计确认、计量和报告工作的重要前提。

在会计实务中，只有那些影响企业本身经济利益的各项交易或事项才能加以确认、计量和报告。例如，通常所讲的资产、负债的确认，收入的实现，费用的发生等，都是针对特定会计主体而言的。

会计主体不同于法律主体。一般而言，法律主体必然是会计主体，但会计主体不一定是法律主体。例如，一个企业作为一个法律主体，应当建立财务会计系统，独立反映其财务状况、经营成果和现金流量。但企业集团中的母公司拥有若干子公司，母、子公司虽然是不同的法律主体，但是母公司对子公司拥有控制权，为了全面反映企业集团的财务状况、经营成果和现金流量，将企业集团作为一个会计主体，编制合并财务报表。在这种情况下，企业集团虽然不属于法律主体，却是会计主体。

二、持续经营

持续经营是指在可以预见的将来，企业将会按当前的规模和状态继续经营下去，不会停业，也不会大规模削减业务，会计的出发点是预测企业的经营现状不会改变。在持续经营的前提下，会计确认、计量和报告应当以企业持续、正常的生产经营活动为前提。在这个前提下，各项资产必须按正常的实际成本计价，各项负债和企业的所有者权益也要按正常情况计价处理。

当一个企业不能持续经营时就应当停止使用这个假设，否则就不能客观地反映企业的财务状况、经营成果和现金流量，从而误导会计信息使用者的经济决策。

三、会计分期

会计分期是指将一个企业持续经营的生产经营活动划分为一个个连续的、长短相同的期间。按年划分的称为会计年度，年度以内还可以分为季度、月度。会计分期的目的在于通过会计期间的划分，将持续经营的生产经营活动划分成连续、相等的期间，据以结算盈亏，按期编报财务报告，从而及时向财务报告使用者提供有关企业财务状况、经营成果和现金流量的信息。

根据持续经营假设，一个企业将按当前的规模和状态持续经营下去。进行会计分期有利于提高会计信息的及时性，满足信息使用者决策的需要。我国企业会计准则规定，企业应当划分会计期间、分期结算账目和编制财务会计报告。会计期间分为年度和中期。中期是短于一个完整会计年度的报告期间。

四、货币计量

货币计量是指会计主体在财务会计确认、计量和报告时以货币作为计量尺度，反映会计主体的生产经营活动。

企业的各种财产物资各有其不同的物质表现形态，计量单位各不相同，如汽车以辆计、船舶以艘计等。在会计工作中，用具有一般等价物性质的货币来统一计量，可以使各类不同质的财产物资相加减，可以使收入、费用相配比，这样才能全面反映企业的生产经营情况。所以，基本准则规定，会计确认、计量和报告应选择货币作为计量单位。

货币计量也有其缺陷，就是它把那些不能用货币度量的因素排除在了会计系统之外，如企业管理水平、人力资源、研发能力、市场竞争力等。

货币作为一种特殊商品，它本身的价值应当稳定不变，或者即使有所变动，其变动幅度也被认为是微不足道的。如果币值不稳定，以货币计量的会计信息的可信度就会下降。尽管中外会计学者对此问题已经加以重视，但至今尚无好的解决办法。

第五节　财务会计信息的质量要求

由于财务会计信息是以财务报告的形式对外呈报的，其目标是向信息使用者提供与企业有关的会计信息，以帮助信息使用者做出经济决策。因此，保证财务会计信息的有用性，是编制财务报告最直接的目的。为了更好地达成财务会计的目的，会计人员必须提高会计信息质量，并了解高质量会计信息应具备的品质。

我国基本准则规定了财务会计信息质量要求的基本规范，其内容包括可靠性、相关性、可理解性、可比性、实质重于形式、重要性、谨慎性和及时性等。其中：可靠性、相关性、可理解性和可比性是财务会计信息的主要质量要求，是企业财务报告中所提供的会计信息应具备的基本质量特征；实质重于形式、重要性、谨慎性和及时性是财务会计信息的次要质量要求，是对可靠性、相关性、可理解性和可比性等主要质量要求的补充和完善。

一、财务会计信息的主要质量要求

（一）可靠性

可靠性是指确保财务会计信息免于偏差和错误，能忠实反映现状的质量。可靠性要求企业应当以实际发生的交易或者事项为依据进行确认、计量和报告，如实反映符合确认和计量要求的各项会计要素的信息，保证财务会计信息真实可靠、内容完整。为了达到财务会计信息质量可靠的要求，不得根据虚构的、没有发生的或者尚未发生的交易或者事项进行确认、计量和报告；不能随意遗漏或者减少应予以披露的信息，应当充分披露与使用者决策相关的有用信息；企业财务报告中的财务会计信息应当是中立的、无偏的。

可靠性是高质量会计信息的重要基础和关键所在，如果企业以虚假的经济业务进行确认、计量、报告，就属于违法行为，不仅会严重损害财务会计信息的质量，而且会误导投资者，干扰资本市场，导致会计秩序混乱。

（二）相关性

相关性是指财务会计信息与决策有关，具有改变决策或导致决策差异的能力。相关性要求企业提供的财务会计信息应当与投资者等信息使用者的经济决策需要相关，有助于投资者等信息使用者对企业过去、现在或者未来的情况做出评价或者预测。

相关的财务会计信息应具有反馈价值，即有助于信息使用者评价企业过去的决策，证实或者修正过去的有关预测；相关的财务会计信息还应当具有预测价值，即有助于信息使用者根据所提供的财务会计信息，预测企业未来的财务状况、经营成果和现金流量。

（三）可理解性

财务会计信息能否为信息使用者所理解，取决于信息本身是否易懂和决策者的能力。可理解性要求企业提供的财务会计信息应当清晰明了，便于投资者等信息使用者理解和使用。

企业提供财务会计信息的目的在于使用，企业提供的财务会计信息只有清晰明了、易于理解，才能提高财务会计信息的有用性，满足信息使用者决策的需求。信息使用者通过阅读、分析、使用财务会计信息，了解了企业过去、现在及未来的发展趋势，才能做出科学决策。

可理解性不仅是财务会计信息的一项质量要求，同时也是与信息使用者有关的质量要求。会计人员应尽可能使财务会计信息易于理解，而信息使用者也应设法提高理解信息的能力，这样财务会计信息才能发挥最大的作用。

（四）可比性

可比性是指能使信息使用者从两组经济情况中区别出异同的财务会计信息的质量特征。即当经济情况相同时，财务会计信息能反映相同的情况；当经济情况不同时，财务会计信息能反映出差异。可比性包括横向可比和纵向可比两个方面。

横向可比是指不同企业相同会计期间的可比，即要求不同企业同一会计期间发生的相同或者相似的交易或者事项，应当采用相同的会计政策，确保财务会计信息口径一致、相互可比，以使不同企业按照一致的确认、计量和报告要求提供有关会计信息。

纵向可比是指同一企业不同时期的可比，即要求同一企业不同时期发生的相同或者相似的交易或者事项，应当采用相同的会计政策，并且不得随意变更。但是，满足会计信息可比性要求，并非表明企业不得变更会计政策，如果按照规定或者在会计政策变更后可以提供更可靠、更相关的会计信息，企业也可以变更会计政策。

二、财务会计信息的次要质量要求

（一）实质重于形式

实质重于形式是指企业按照交易或者事项的经济实质进行会计处理的质量特征。即要求企业应当按照交易或者事项的经济实质进行会计确认、计量和报告，不应仅以交易或者事项的法律形式为依据进行会计处理。

在多数情况下，企业发生的交易或事项的经济实质和法律形式是一致的，但在有些情况下二者也会出现不一致。例如，企业按照销售合同销售商品但同时又签订了售后回购协议，虽然从法律形式上看实现了收入，但如果企业没有将商品所有权上的主要风险和报酬转移给购货方，没有满足收入确认的各项条件，即使签订了商品销售合同或者已将商品交付给购货方，也不应当确认销售收入。

又如，企业融资租入固定资产，固定资产在租赁期内的款项并未付清，从法律形式上看，设备的所有权并没有完全转移给租入方；但从经济实质上看，租入方已经控制并已实际使用该项固定资产，并为企业带来了相应的经济利益，符合资产要素的本质特征，企业就可以将其确认为资产。

（二）重要性

重要性是指当某项财务会计信息出现不正确的表达或遗漏时，可能会影响信息使用者做出判断。重要性要求企业提供的会计信息应当反映与企业财务状况、经营成果和现金流量有关的所有重要交易或者事项。

如果企业提供的财务会计信息的错报或省略会影响信息使用者据此做出决策，那么该信息就具有重要性。重要性的应用需要依赖职业判断，企业应当根据其所处环境和实际情况加以判断。例如，5万元的损失在小公司可能很重要，在大公司则可能不重要。

（三）谨慎性

谨慎性是指企业对不确定的结果，应确认可能的损失，而不确认可能的收益。谨慎性要求企业在对交易或者事项进行会计确认、计量和报告时保持应有的谨慎，既不应高估资产或者收益，也不应低估负债或者费用。

企业的生产经营活动面临着许多风险和不确定性。例如，应收款项能否如数收回、固定资产和无形资产的使用寿命、售出商品可能发生的退货或者返修等。谨慎性要求会计人员在做出职业判断时，应当保持应有的谨慎，充分估计到各种风险和损失，既不高估资产或者收益，也不低估负债或者费用。例如，对于企业发生的或有事项，通常不能确认或有资产，只有当相关经济利益基本确定能够流入企业时，才能作为资产予以确认。相反，当相关的经济利益很可能流出企业而且构成现时义务时，应当及时确认为预计负债，这就体现了会计信息质量的谨慎性要求。

（四）及时性

及时性要求企业对已经发生的交易或者事项，应当及时进行确认、计量和报告，不得提前或者延后。财务会计信息如果不及时提供，即使质量再好，也已失去时效性，对使用者的效用就会大大降低，甚至不再具有实际意义。

财务会计信息的价值在于帮助信息使用者做出经济决策，具有时效性。及时性要求企业在经济交易或者事项发生后，及时收集整理各种原始单据或者凭证；及时对经济交易或者事项进行确认、计量，并编制财务报告；及时将编制的财务报告传递给信息使用者，便于其及时使用和决策。

第六节 财务会计的基本要素

一、财务会计要素的内容

财务会计要素是对财务会计对象的基本分类，分类的基础应服从于财务报告的目标。我国企业会计准则将财务会计要素分为资产、负债、所有者权益、收入、费用和利润。

（一）反映企业财务状况的要素

财务会计以下列公式反映企业在一定日期内的财务状况：

资产＝负债＋所有者权益

1. 资产。资产是指企业过去的交易或者事项形成的、由企业拥有或者控制的、预期会给企业带来经济利益的资源。资产具有以下特征：

（1）资产是企业过去的交易或者事项形成的。过去的交易或者事项是指企业已经发生的交易或者事项（如购买材料、生产产品等），也就是说，只有过去的交易或者事项才可能形成资产，企业预期在未来发生的交易或者事项不会形成资产。例如，企业有购买某类存货的意愿，但是购买行为尚未发生，预期可能增加的存货不符合资产的这一特征，也就不能确认为企业的资产。

（2）资产是由企业拥有或者控制的资源。由企业拥有或者控制的资源，是指企业享有某项资源的所有权，或者虽然不享有某项资源的所有权，但该资源能被企业所控制。

企业享有资产的所有权，通常会从该项资产中获取经济利益。有些情况下，虽然企业并不享有其所有权，但企业控制了这些资产，同样表明企业能够从该资产中获取经济利益，符合资产的定义。例如，融资租入的固定资产，尽管企业在租赁期内并不拥有其所有权，但企业控制了该资产的使用及其所能带来的经济利益，应当将其作为企业资产予以确认、计量和报告。

（3）资产预期会给企业带来经济利益。资产预期会给企业带来经济利益，是指资产直接或者间接导致现金流入企业的潜力。例如，企业采购的原材料用于生产经营过程，生产出商品并对外出售后收回货款，即为企业所获得的经济利益。

2. 负债。负债是指企业过去的交易或者事项形成的、预期会导致经济利益流出企业的现时义务。负债具有以下特征：

（1）负债是企业过去的交易或者事项形成的。负债应当由企业过去的交易或者事项形成，也就是说，只有过去的交易或者事项才可能形成负债，企业将在未来发生的承诺、签订的合同等交易或者事项，不会形成负债。

（2）负债预期会导致经济利益流出企业。预期会导致经济利益流出企业，是指只有企业在履行义务时会导致经济利益流出企业的，才符合负债的定义，如果不会导致企业经济利益流出，就不符合负债的定义。

（3）负债是企业承担的现时义务。企业承担的现时义务是指企业在现有条件下已承担的义务。未来发生的交易或者事项形成的义务不属于现时义务，不应当确认为负债。

3.所有者权益。所有者权益是指企业资产扣除负债后应由所有者享有的剩余权益。它是从企业资产中扣除债权人权益后应由所有者享有的部分。

所有者权益的来源包括所有者投入的资本、直接计入所有者权益的利得和损失、留存收益等，通常由实收资本（或股本）、资本公积、盈余公积和未分配利润构成。其中，所有者投入的资本是指所有者投入企业的资本部分，它既包括构成企业注册资本或者股本部分的金额，也包括投入资本超过注册资本或者股本部分的金额，即资本溢价或者股本溢价。

直接计入所有者权益的利得和损失，是指不应计入当期损益、会导致所有者权益发生增减变动的、与所有者投入资本或者向所有者分配利润无关的利得或者损失。

其中，利得或损失是指由企业非日常活动所形成的、会导致所有者权益增加或减少的、与所有者投入资本无关的经济利益的流入或流出。利得或损失包括直接计入所有者权益的利得或损失，以及直接计入当期利润的利得或损失。例如，可供出售金融资产的公允价值变动额就是直接计入所有者权益的利得或损失。

留存收益是企业历年实现的净利润留存于企业的部分，主要包括累计计提的盈余公积和未分配利润。

（二）反映经营成果的要素

1.收入。收入是指企业在日常活动中形成的、会导致所有者权益增加的、与所有者投入资本无关的经济利益的总流入。收入具有以下特征：

（1）收入是企业在日常活动中形成的。日常活动是指企业为完成其经营目标所从事的经常性活动以及与之相关的活动。例如，制造企业制造并销售产品、商业企业销售商品、咨询公司提供咨询服务、安装公司提供安装服务、商业银行对外贷款等，均属于企业的日常活动。只有日常活动中所形成的经济利益的流入才可以确认为收入，反之，非日常活动所形成的经济利益的流入不能确认为收入，而应当计入利得。

（2）收入会导致所有者权益的增加。由于收入最终会导致所有者权益的增加，因此不会导致所有者权益增加的经济利益的流入不符合收入的定义，不应确认为收入。

（3）收入是与所有者投入资本无关的经济利益的总流入。一般而言，收入只有在经济利益很可能流入企业时才导致企业资产增加或者负债减少。但是，经济利益的流入有时是所有者投入资本的增加所致，所有者投入资本的增加不应当确认为收入，应当将其直接确认为所有者权益。

2. 费用。费用是指企业在日常活动中发生的、会导致所有者权益减少的、与向所有者分配利润无关的经济利益的总流出。费用具有以下特征：

（1）费用是企业在日常活动中形成的。因日常活动所产生的费用通常包括销售成本、期间费用等，企业非日常活动所形成的经济利益的流出不能确认为费用，而应当计入损失。

（2）费用会导致所有者权益的减少。与费用相关的经济利益的流出应当会导致所有者权益的减少，不会导致所有者权益减少的经济利益的流出不符合费用的定义，不应确认为费用。例如，企业偿还银行借款，尽管也导致了企业经济利益的流出，但该经济利益的流出不会导致企业所有者权益的减少，因此不应确认为企业的费用。

（3）费用是与向所有者分配利润无关的经济利益的总流出。费用的发生应当会导致经济利益的流出，从而导致资产的减少或者负债的增加。企业向所有者分配利润也会导致经济利益的流出，而该经济利益的流出属于对投资者投资回报的分配，不应确认为费用。

3. 利润。利润是指企业在一定会计期间的经营成果。利润包括收入减去费用后的净额、直接计入当期利润的利得和损失等。其中收入减去费用后的净额反映企业日常活动的经营业绩，直接计入当期利润的利得和损失反映企业非日常活动的业绩。企业应当严格区分收入和利得、费用和损失，以便更加全面地反映企业的经营成果。

二、财务会计要素的确认与计量

（一）财务会计要素的确认

财务会计要素的确认是指将某一事项作为资产、负债、收入或费用等正式加以记录并列入财务报表的过程，也是广义的确认。确认主要解决两方面的问题：一是何时、以何种金额、通过何种账户记录；二是何时、以何种金额并通过何种要素列入财务报告。

我国企业会计准则规定了财务会计要素确认的基本条件，如资产的确认要同时具备以下两个条件：①与该资产有关的经济利益很可能流入企业；②该资产的成本或者价值能够可靠地计量。

负债的确认也要同时满足以下两个条件：①与该义务有关的经济利益很可能流出企业；②未来流出的经济利益的金额能够可靠地计量。

至于所有者权益的确认，主要取决于资产、负债、收入、费用等要素的确认。对收入的确认，应视不同收入来源的特征而有所不同。如企业销售商品收入的确认，应同时具备五个条件。即企业已将商品所有权上的主要风险和报酬转移给购货方；企业既没有保留通常与所有权相联系的继续管理权，也没有对已售出的商品实施有效控制；收入的金额能够可靠地计量；与交易相关的经济利益很可能流入企业；相关的已发生或将发生的成本能够可靠地计量。

对费用的确认，也应当满足严格的条件：一是与费用相关的经济利益应当很可能流出企业；二是经济利益流出企业的结果会导致资产的减少或者负债的增加；三是经济利益的流出额能够可靠地计量。

对利润的确认，主要依赖于收入和费用及利得和损失的确认，其金额的确定也主要取决于收入、费用、利得、损失金额的确定。

（二）财务会计要素的计量

财务会计要素的计量，是指将符合确认条件的财务会计要素列报于财务报告中并确定其货币金额的过程。这一计量过程由计量单位和计量属性两个要素构成，通常以各国法定的名义货币作为计量单位，而不考虑其购买力的变化对企业财务会计信息的影响。

计量属性是指予以计量的某一要素的特性，如房屋的面积、桌子的长度、铁矿石的重量等。从会计角度来讲，计量属性反映的是财务会计要素金额的确定基础，按我国会计准则的规定，主要包括历史成本、重置成本、可变现净值、现值和公允价值等。

1. 历史成本。历史成本又称实际成本，即取得或制造某项财产物资时所实际支付的现金或现金等价物。在历史成本计量下，资产按照其购置时支付的现金或者现金等价物的金额，或者按照购置资产时所付出的对价的公允价值计量。负债按照其因承担现时义务而实际收到的款项或者资产的金额，或者承担现时义务的合同金额，或者按照日常活动中为偿还负债预期需要支付的现金或者现金等价物的金额计量。

2. 重置成本。重置成本又称现行成本，是指按照当前市场条件，重新取得同样的资产所需支付的现金或现金等价物的金额。在重置成本计量下，资产按照现在购买相同或者相似资产所需支付的现金或者现金等价物的金额计量。负债按照现在该项债务所需支付的现金或者现金等价物的金额计量。

3. 可变现净值。可变现净值是指在正常生产经营过程中，以资产预计售价减去进一步加工成本和预计销售费用及相关税费后的净值。在可变现净值计量下，资产按照其正常对外销售所能收到现金或者现金等价物的金额扣减该资产至完工时估计将要发生的成本、估计的销售费用及相关税费后的金额计量。可变现净值通常应用于存货资产减值情况下的后续计量。

4. 现值。现值是指对未来现金流量以恰当的折现率进行折现后的价值，是考虑货币时间价值的一种计量属性。在现值计量下，资产按照预计从其持续使用和最终处置中所取得的未来净现金流入量的折现金额计量。负债按照预计期限内需要偿还的未来净现金流出量的折现金额计量。

5. 公允价值。公允价值，是指市场参与者在计量日发生的有序交易中，出售一项资产所能收到或者转移一项负债所需支付的价格。

市场参与者是指在相关资产或负债的主要市场（或最有利市场）中，同时具备下列特征的买方和卖方：①市场参与者应当相互独立，不存在《企业会计准则第36号——关联方披露》所述的关联方关系；②市场参与者应当熟悉情况，能够根据可取得的信息对相关资产或负债及交易具备合理认知；③市场参与者应当有能力并自愿进行相关资产或负债的交易。

有序交易是指在计量日前一段时期内相关资产或负债具有惯常市场活动的交易。清算等被迫交易不属于有序交易。

企业以公允价值计量相关资产或负债，应当考虑该资产或负债的特征。相关资产或负债的特征，是指市场参与者在计量日对该资产或负债进行定价时考虑的特征，包括资产状况及所在位置、对资产出售或者使用的限制等。

企业以公允价值计量相关资产或负债，应当假定出售资产或者转移负债的有序交易在相关资产或负债的主要市场进行。不存在主要市场的，企业应当假定该交易在相关资产或负债的最有利市场进行。

主要市场是指相关资产或负债交易量最大和交易活跃程度最高的市场。最有利市场，是指在考虑交易费用和运输费用后，能够以最高金额出售相关资产或者以最低金额转移相关负债的市场。

交易费用是指在相关资产或负债的主要市场（或最有利市场）中，发生的可直接归属于资产出售或者负债转移的费用。交易费用是直接由交易引起的、交易所必需的，不出售资产或者不转移负债就不会发生的费用。

第五章 财务会计管理模式研究

第一节 我国财务会计管理模式存在的问题

目前，经济的全球化进程在不断加快，我国市场经济的体系也在不断地完善。在财务会计方面，原有的管理模式已经不能满足发展需要，同时也没有办法适应环境的变化，因此，要将管理的模式进行完善，使管理的模式能够满足发展需要，同时适应环境的变化。本节对管理模式的发展过程进行简单分析，分析管理模式的现状以及原因，同时提出对策将管理的模式进行完善以及创新，希望可以提供一定的参考。

党的十四大之后，我国确立了市场经济的体系，并且在不断地完善，对资金进行合理科学的安排以及使用已经成为财务会计人员的主要工作。要将管理的水平有效提升，就需要对国外的模式进行相应借鉴，与我国的管理模式进行有机结合。

一、管理模式的发展过程

对于财务会计管理而言，其作为现代企业经济发展的关键和命脉所在，对现代企业的日常生产运营及其扩大发展起到了非常重要的作用。尤其是在现代企业发展过程中，财务会计管理模式的重要性体现得淋漓尽致。企业开始发展以来，一直在我国的国民经济中占据着重要的地位，而随着近几年来企业相互之间竞争的加剧，企业的经济效益也发生了不同程度的下滑，因此合理地优化企业财务会计管理模式是非常有必要的。在财务会计方面，管理模式的发展过程大致经历了两个阶段，第一个阶段就是在计划经济体制下的管理模式，第二个阶段就是在市场经济体制下的管理模式。

从 1949 年到 1992 年这一时期我国实行的是计划经济体制。

在十四大之后，确立了市场经济的体制，各个行业都在进行体制的改革，逐渐明确了一些独立法人的主体地位，成为自主发展及筹资的个体。财务会计的地位在逐渐加强，自主进行筹资的权利也在逐渐加强。在这样的情况之下，计划经济体制下的管理模式已经不能满足发展的需要，因此，在财务会计方面，逐渐将管理模式进行改革，形成了市场经济体制下的管理模式。

二、我国财务管理模式现状的分析

（一）编制预算的方法及程序不合理

目前，在进行预算的编制时，大多数员工没有参与其中，也就导致大多数员工不认同编制的预算，导致管理不能有效地进行或者是在执行的时候出现偏差。要使预算能够获得员工的认同及支持，就要使员工参与到管理中，使员工成为管理的成员，不再是被动接受的执行者。在传统管理模式中，由领导进行统一集中的管理，依据年度的财政以及工作的计划编制预算，在预算的核算方面由管理人员对员工进行直接的安排，在全部的过程中员工没有参与其中，也就导致在执行预算的时候，员工在心理上对预算产生排斥。

目前，许多企业以及事业单位在进行预算的编制时，依据以往预算的执行情况，结合年度收支的增减以及计划的目标编制预算。这种编制预算的方法会导致预算不能有效地执行，导致实际的金额与预算的金额之间出现差异，预算失去意义。

（二）过于强调财务的集权

目前，许多企业及事业单位对于集权与分权之间的关系不能有效地进行处理，为了对财务的风险进行有效的防范而对财务的集权过于强调。在企业以及事业单位中，财务的管理权力由领导全面掌握，对于财务的调控以及管理的计划不能进行宏观的制订，导致在进行管理的过程中，员工的积极性受到限制，员工只能听从领导安排，凡事都是领导说了算，不能正确区分真正的激励因素，对于出现的问题不能及时发现以及解决，同时对于管理的模式也不能进行有效的改革以及创新。这样的情况，直接影响到管理的效果，不能有效地对财务会计进行管理。

（三）部门的设置缺乏合理性

依据相关的制度，在企业及事业单位中，财务处是一级的财务机构，需要由相关的管理者进行领导，统一管理企业以及事业单位中的每一项财务会计工作，不能存在其他的财务机构。但是，从目前的情况来看，许多企业以及事业单位中，财权过度下放，经费被分散至每一个部门，没有办法对财务的资源进行统一调配，企业以及事业单位中每一部门只是将本部门利益作为出发点，对企业以及事业单位整体的利益没有充分考虑以及重视，资金运作缺少统一的筹划和控制，随意性大，使用混乱，企业预算管理制度难以落实。

（四）没有将利益、责任及权力进行有效的结合

将权力与责任进行结合能够使业绩的考核顺利进行，对业绩进行考核的工作顺利进行能够促进管理的模式顺利运转，促进管理模式的发展。可以说只有将权力与责任进行有效的结合，才能将业绩考核的目标进行明确。在一些企业以及事业单位中，财务管理的权力

由领导一手掌握，企业以及事业单位中的每一个部门只是承担相应的责任，没有相应权力与责任进行匹配，导致每一个部门在执行管理模式的时候，积极性受到严重影响。在另外一些企业以及事业单位中，对财务会计的管理进行分级管理，将财权进行下放，但是没有将企业以及事业单位中每一个部门的职责进行明确，对执行人员以及领导人员的责任以权力没有进行明确的划分，每一个部门都具备充分的财权，但是没有承担相应责任，对利益、责任及权力的结合是非常不利的，也使财务的目标受到严重影响。

三、原因

（一）管理的体制方面

一些企业以及事业单位进行每一项经济的活动或者制定每一项经济的决策时，通常由管理人员自行决定，财务的管理部门无法参与其中或者是参与的程度相对较低。

（二）管理的意识方面

许多企业以及事业单位的领导对财务会计的管理没有全面的认识，管理的意识非常薄弱，导致企业以及事业单位中其余的部门也不能全面地认识财务会计管理，执行的力度较差，对经济的目标也就没有办法提供有效的保障。一旦企业的生产活动涉及很多利益方，就会使企业财务管理出现混乱，阻碍企业的稳定发展。

（三）管理的财务方面

在企业以及事业单位中，因为经历较长时间的财政拨款，导致在资金方面形成了思维定式，许多财务管理的人员以及相关的人员将财务会计的管理等同于日常的核算，如日常的记账以及日常的算账等，导致在日常的工作中，财务会计的管理具备的作用不能有效发挥。

四、对管理的模式进行创新

（一）有效加强预算的管理

对预算进行管理是一个持续的改进过程，主要包括编制预算、执行和控制预算及考核预算。对预算进行编制可以使企业以及事业单位的管理人员对前景进行有效的规划，预算能够为管理人员提供行动的总体计划，避免管理人员在制定决策时缺少协调与标准，没有方向等情况的发生，同时对预算进行编制能够将内部沟通进行有效改善，对企业以及事业单位中各个部门在行动方面进行协调。通过编制的预算，能够将绩效的标准以及目标进行明确，管理人员能够对经营的状况及目标的执行状况进行有效监控。将总体的预算进行分解，在每一个部门进行落实，对预算的标准与目标以及实际的标准进行定期比较，能够及时发现相应的风险以及问题，对预算进行及时的修改或者调整。对员工绩效进行评价时主要的工具及标准就是预算，在将预算进行确立之后，管理人员要承担绩效的相关责任，通过对比预算的目标与实际的结果，能够对管理人员绩效进行有效的评估。

（二）完善内控制度

内控就是我们通常所说的内部控制，企业以及事业单位为了实现控制的目标，通过制度的制订，运用相应的措施，管控、防范在经济活动中出现的风险。从静态的角度来看，企业以及事业单位履行相应的职能，采取相应的措施保障目标的实现就是内部控制；从动态的角度来看，企业以及事业单位履行相应的职能，对实现目标的过程中出现的风险进行规范及约束的过程就是内部控制。企业以及事业单位的负责人要负责内控制度的建立以及实施，在进行内控制度的建设过程中，企业以及事业单位的负责人要积极地支持，同时参与到建设的过程中，提供相应的物力及财力等，保障内控制度顺利地建设。除此之外，企业以及事业单位的负责人要采取相应的措施将内控制度进行有效的完善以及实施。

（三）加强固定资产的管理

企业以及事业单位要将固定资产的管理有效加强，依据情况将固定资产的目录进行制订，将固定资产编号，依据单项的资产将详细的信息进行记录，如来源、使用的地点、相关的负责人、维修记录、改造以及运转等等。制订固定的资产修理以及日常维护计划，对固定资产进行定期的保养，同时要定期或者不定期对固定资产进行清查。

（四）明确岗位责任，调动财务人员的积极性

在企业以及事业单位中，要依据相关的要求对部门职能进行合理科学的分解，将岗位职责、工作的要求以及名称等进行明确，同时将每一个岗位具备的权限进行明确，保障不相容的职务及岗位可以进行互相的制约以及监督，使制衡的机制能够有效地发挥作用。财务管理人员是企业财务会计管理的重要参与者，他们的业务精度在很大程度上决定了企业财务会计管理工作的成效。因此，要强化以为为本，把人的激励与约束放在首位，建立责、权、利相结合的财务运行机制，充分挖掘人的潜能。同时，在提高财务管理人员综合素质方面，主要分为两个方面：第一，对企业内部的财务管理人员进行集中的培训，不仅要培训相关的专业知识，还要掌握计算机操作能力、写作能力与外语能力，提高他们的专业素质，从而提升整个财务管理的质量；第二，对财务管理人员进行思想道德教育，树立爱岗敬业的理念，提高他们财务管理工作的责任心。

（五）完善企业财务会计管理制度

从我国企业财务会计管理制度落实现状来说，实践中还存在着很多的问题或不足，这些都是制度上的缺陷造成的，正所谓无规矩不成方圆，因此加强企业财务会计管理首先就

应该完善其管理制度。在此基础上，现代企业应当认真做好以下三个方面的工作。首先，企业应该适当地加强财政管理。在此过程中，企业的资金调度权、投资权、财务人员任免权等重要的财务会计管理权力应当保留在企业的总机构之中，其他非关键管理权力，建议适当地下放到下级企业层次中。其次，完善企业内部管控机制。应该保证财务会计管理的主体地位，完善企业内部财务会计信息网络，从而提升财务管理的质量。最后，开展目标管理。企业应该把绩效考核纳入财务管理中，从而增强财务人员的工作积极性。同时物资采购要统一，在企业采购方面借鉴政府采购的模式，从而减少仓储费用与采购的成本。

除此之外，在对财务会计的管理模式进行完善及创新的过程中，要遵照相应的原则。首先，要遵照宏观的调控以及微观的搞活。在对财务会计进行管理的时候，企业以及事业单位中，在宏观的控制之下进行分级的财务管理，并不是相互独立的，宏观的管理依旧处于主导地位，它能够对分级的管理进行制约及引导，但是想要管理不再死板，就需要从微观进行调整。其次，要将利益、责任以及权力之间的关系进行有效的处理。在优秀的管理模式中，将管理的部门以及基层的部门间的利益、责任以及权力进行有效的处理，使企业以及事业单位中每一个部门都能够具备相应利益，承担相应责任，同时使各个部门的利益与整体利益一致，将管理人员及员工的积极性进行充分的调动。

目前，在对财务会计进行管理的时候，现有的模式存在一定问题，使管理的作用不能够有效发挥，如编制预算的方法以及程序不合理、对财务的集权过于强调、部门的设置缺乏合理性及没有将利益、责任及权力进行有效的结合。我们要对这些问题进行充分的分析，采取相应的措施对模式进行改革以及创新，将预算的管理有效加强，将内控制度进行完善，将固定资产的管理有效加强，同时将岗位的责任进行明确，保障管理能够顺利地进行，发挥出应有的作用。

第二节　事业单位财务会计管理模式

随着我国财政体制的不断深入，给财务管理带来更多的挑战，存在许多家事业单位的财务管理模式较为落后的现象，传统理财理念无法适应新形势的需要，单位从事财会工作的财务人员缺少对现代财务管理科学知识、实际操作能力。笔者根据多年的工作经验，主要针对事业单位财务会计管理模式进行分析和讨论，以期同行之间交流探讨。

一、事业单位财务会计管理中存在的问题

财务会计管理制度缺失。健全完善的财务管理制度不仅能有效地减少财务风险的发生，而且能更有效地促进财务会计管理的规范化及长效。但是有很多的事业单位在组建

机构之初规范化管理的意识相对来说较淡薄，且很多领导人在企业内部的管理上没有一个完善的内控制度，对企业文化的建设也不是很重视，所以很多企业管理的制度都是向其他同类型的单位探讨经验。正因为如此，对财务管理这个看似并不会影响单位发展的部门，也会更加的不重视，对其管理也只会更加淡漠，不重视财务管理制度的完善及从业人员的工作培训。

财务会计管理人员素质较低。由于财会人员是整个单位所有资金收入支出的直接管理人，因此，有些财会人员觉得自己的工作性质优于单位其他工作人员，导致财会人员心理素质出现了偏差，职业意识不强，对财会管理的建设和发展带来的都是消极的负面影响，也不利于单位完善内控制度，影响单位良好前景的发展。

领导管理财会意识不强。有些事业单位并不注重财务管理，员工的思想意识薄弱，无法发挥出自身的管理作用，也未将其所学知识充分用于财务管理之中。因为事业单位存在一定的独特性，财务管理者的观念比较陈旧，加之对财务管理者的考核机制比较落后，导致事业机构的财务管理缺少科学有效的规划，财务管理无实质性内容，制度形同虚设。比如，部分事业单位划分开财务预算，交由下级职能机构处理，然后简单合并，实际上，职能机构做预算的员工通常缺少专业的财务理论和经验，使得做出的预算和实际情况差别明显。另外，还有部分事业单位并没有考量到职能机构的业务需求，而通过财务部门集中做出预算，使得预算违背实际业务。实际上，事业机构财务管理效果不好，主要是财务管理者的思想落后导致的。

二、加强事业单位财务会计管理模式创新

创新财务会计管理理念。事业单位要想促进财务会计管理工作的进行，最重要的便是要提高对财务会计管理工作的重视程度，创新财务会计管理的理念。这种创新的管理理念如下：事业单位领导正确认识财务会计管理工作的重要性，促进单位内部各种制度的建设，并尊重每一位员工，加强对他们的继续教育；还要学会吸收国内外优秀的财务管理方式，提高财务会计的管理效率和管理质量；最后，领导应该让每一个部门都积极配合财务会计管理部门的工作。如此才可以使财务会计管理工作得以有效发展。

优化财会管理机制。管理机制的优化是保障财政财务管理工作顺利开展的基础，为此应该促进内控评价制度的建立，根据实际工作的开展情况对评价标准加以明确，实现内部评价指标的量化处理。这种方式有利于及时发现工作中的问题，采取针对性管理措施。对资金支出与审批制度进行不断优化，防止资金支出环节存在较大的安全风险。加快内部与外部审计监督体系的构建，严格落实相关制度中的规定，加强各部门之间的有效交流与沟通，提升行政事业单位的整体工作效率。应该响应国家的号召，促进反腐倡廉机制的建立，对贪污腐败行为进行严厉打击，在提高财务管理水平的同时，能够确保资金的安全。监督检查制度应该针对财政财务管理的全过程，确保考核问责工作的有效落实，并在内控整体

效果评价中纳入考核结果，满足管理工作的新要求。为了确保评价内部控制的合理性，需要结合专家认证和自我评价等多种评价方式，凸显评价结果的有效价值。借助于先进的信息化技术，实现监督检查制度的不断优化。比如，在实际工作中可以运用大数据技术和云计算技术等，满足行政事业单位财政财务管理的信息化建设需求。在智能化预算管理系统中纳入单位资产与债务，实现财务工作的动态化管理。分类管理体系的构建，应该以费用性支出和资本性支出为基础，在硬性指标分类中纳入资产存量管理。

加强预算管理。预算管理是一个持续改进的过程，主要由三个环节构成：预算的编制环节、预算的执行与控制环节和预算的考核环节。财务管理人员要重视对预算的管理，依靠科学化管理进行对编制部门的预算，实行收支明细的存档，并安排相关人员审查。单位要配合部门的核算，严格控制好时间、项目进出的关系，不能因条件而改变预算的目的，若真有特殊情况需要追加或需要调整要对上级领导申请。倡导实行制度基础审计，这种方式能帮助上级部门了解内部控制系统运行状况，对单位审计具有重要作用。相比审计部门，单位自身的审计可以对重要环节、控制点配合发现重要的错误，减少报表虚增份额，增加准确率，促进单位内部的审计发展。

实行会计委派制度。事业单位的财务会计管理部门可以说是最容易发生徇私舞弊现象的地方，为了杜绝这种现象，实现对资金的有效管理，应该加强对事业单位财务工作的监督，实行会计委派制度。例如，管理事业单位的上级部门可以选择专业素质好的优秀财务管理人员，委派他们去事业单位中工作，这样他们不仅能够使事业单位的财务会计管理工作有条不紊地进行，还能够对事业单位中各项财务会计工作进行监督，限制部分领导人的权力，使事业单位的各项财务收支是公开的、透明的。

强化对财务会计工作的审计监督。在事业单位的财务管理部门中，可以单独成立一个审计监督小组，这个小组的职责是把握此事业单位的发展环境，针对不同的大环境来对收付实现制做出相应的改变，使其适应环境的发展；定期对财务小组的工作进行审核，不仅要听他们的口头报告、书面报告，还要亲自去盘点实物；一旦发现递交的报告和实际情况不相符，出现资金缺口的现象要及时调查，找出责任人之后，将由法制部门处理。

事业单位财会管理的逐步完善，不仅能帮助财会管理规范化，而且能达到管理长效性。而领导对财会管理的重视，积极落实各项政策法规，建立完善的内控制度，也能加大监管力度，完善考核制度。保证会计模式发展的必要性和紧迫性能帮助会计模式的设计和解决在执行中存在的问题，依据内部的动向所趋，可以很好地抑制市场，缓解国家宏观调控所带来的危机。

第三节　农村财务会计管理模式

"三农"问题始终是社会关注的热点，解决好"三农"问题是缩小我国贫富差距及增强我国基础实力的重要手段。我国目前针对农村、农业、农民提出了一系列的政策，解决了一系列的问题。当前我国农村地区的财政管理工作还沿用着传统的老旧机制，加之各级党委未能足够重视对财政管理机制的创新，我国农村地区的财务管理模式已无法适应新时代背景下的农村紧急发展需求。同时，在农村财务会计管理中还存在着一系列的问题，所以需要创新农村财务会计管理模式，提升农村财务会计管理水平。

一、制订合理的财务计划，提升财务计划的可执行性

围绕农村的实际情况和经济发展的实际需求来制订相应的财务计划，方能确保财务计划制订的合理性与科学性。为确保以上目标的顺利达成，农村地区需首先确保自身的财务公开与透明，从而切实维护农村财务的公正性。减少财务计划的不合理之处，制订针对性的财务计划，如针对年度财务计划的编制、财务会计，除了要仔细分析上年度的收支情况外，还需要对下半年的收支情况进行详细划分，这样能够保证农村财务的公开性和透明性，有效提升财务计划的可执行性。

二、完善财务会计管理体制，规避贪污腐败现象

基于农村地区的财务会计管理相对较为薄弱，且优秀人才较为稀缺，所以应积极采取会计委派制度来解决农村地区会计管理制度运行不规范的问题。村财务实行村集体负责人一支笔审批制度，凡3000元以上的支出，须经村"两委"集体研究通过，并在单据后附上会议纪要；1万元以上支出的，应同时附上经村务监督委员会讨论通过的会议纪要；5万元以上的支出，应同时经村民代表会议讨论通过，并在单据后附上会议纪要；"一事一议"专项支出由村民代表会议讨论通过，并在单据后附上会议纪要；各类开支经村务监督委员会审核后，方可报账。3000元以上的大额办公费用开支需事先经两委会议研究决定，方可入账。报账员现金留库要求在5000元以内，原则上结算金额达1000元以上的，采用转账方式结算，超出留库的现金必须当日存入本村开户银行。至于具体的操作过程则需结合农村财务的实际状况来开展相应的选择、培养与考核等活动来挑选优秀的会计工作人员，如此不仅能有效减少会计对村委会的依附，且能有效避免贪污腐败发生。

三、强化财务会计人员培训，增强管理人员的管理水平

针对农村财务管理人员普遍存在老龄化严重及管理水平低下等问题，为切实提升管理人员的管理水平，各地均应注重引进青年人员来从事农村的财务会计工作。当前农村的财务管理主要仰赖于会计管理的相关工作人员，所以为切实推动农村经济的有效发展，便需要加强对财务会计人员的素质教育和能力培训。具体的培养策略可采取派遣其到优秀单位学习或邀请在此方面有丰富经验的人员到村授课等方式，提高农村财务会计管理人员的业务水平，增强农村财务人员的管理水平，从而推动农村地区经济更加平稳的发展。

四、创建监督机制，提升农村财务管理水平

农村地区的村镇作为该地区的政治与经济发展中心，其发展水平与农民的生活水平往往有着极为密切的关联，发展村级经济对提升农村整体经济水平而言具有非常重要的作用与意义。其中，影响村级经济发展的因素有很多，财源建设便是制约村级经济发展的一大重要原因。我国当前施行的财税体制，虽然根据农村经济的发展进行了相应的调整，但始终受到多种因素的影响，导致农村村镇财务管理始终存在着一些问题。因此，为了有效提升农村财务管理水平，需要制订完善的监督机制，实现财务信息的透明与公开，减少财务工作的不合理环节，有效提升农村财务的管理水平。

总之，对于农村经济而言，财务会计管理无疑肩负着极其重大的责任。作为农村地区的财务会计管理人员，应摒弃传统落后的工作方式，着力提升自身的个人素质及能力，有效增强农村的财务管理水平，从而为我国农村经济的有效发展注入活力。

第四节　学校财务会计管理模式

随着经济的发展和科技的进步，网络信息技术的飞速发展已开始冲击学校的经营方式和管理模式。现阶段随着网络时代的到来，人们对财务会计管理的要求也不断提高。在学校的发展中，网络技术对学校财务会计的冲击也是巨大的。本节将对网络环境下的学校财务会计管理模式的变化进行简要的分析，浅析其中的创新发展及其思考，并提出相应的解决方法，希望引起读者的共鸣。

随着全球经济和技术的发展和变革，在学校教学过程中实现了网络技术的应用，并有逐渐扩大的趋势。网络技术的发展推动了社会的高速发展，并给人们的生活带来了相应的便利。计算机技术已经成为学校发展的重要环节和不可缺少的重要内容，对于学校今后的发展具有重要的意义。本节主要针对网络环境下学校财务会计的实际工作，进行简要的研

究分析。结合网络环境下学校财务会计对信息技术的具体用情况，得出在信息技术的环境下学校财务会计的管理的途径和有效措施，为学校财务会计在新时代下对网络技术的应用和发展提供有效的参考。

一、学校财务会计管理模式概述

学校财务会计管理是指通过学校自身结合学校的财务状况对学校财务进行有效的管理，以达到财政收支相抵的目的。学校对于财务的管理能够保证学校的资产运营情况，保证学校日常工作的正常运行和顺利开展，同时也保证学生的身心健康发展，使其获得更多的专业技能和知识。学校在对财务进行管理的同时，能有效地避免不必要的损失。

正确的财务会计管理方式必定是符合环境并能随环境的变化而不断改变或创新的。在新时代下，网络已经存在于社会生活的方方面面，人们的日常工作和学习都与网络息息相关。对于学校教学和工作的进行，主要用信息技术为媒介来进行知识的传输和人才的培养。对于学校的财务会计来说，网络技术在便利了其工作的同时，也对其产生了新的挑战，现代信息技术的应用对财务会计的管理方法起到了巨大的推进作用。

二、网络环境下促使对于传统学校财务会计管理模式的改变因素

（一）目标多元化

在网络环境下，学校的投资和管理不再是某个人或者国家控股的公共资产，为了其自身的发展，学校还吸引了大量的外来投资，这就导致学校的结构和范围发生了巨大的改变。学校财务种类不断地增多，致使学校财务管理的目标不再是个人的目标，而是和所有投资主体有关的多种目标，这使得财务管理的主题朝着多元化的方向发展。

（二）虚拟化的主体

传统的财务管理的主体主要是学校显示财务状况，随着时代的发展和信息技术的应用，学校内部的财务状况得到了改变，这使学校的财务向着虚拟化的方向发展。

（三）管理对象的改变

传统的财务会计只需要统计学校财政的运营情况即可。但是，随着计算机技术的应用，学校通过网络来进行财务的统计和管理，网络课程的开展，使得学校财务的统计种类得以增加。因此，各方面因素对学校的管理会产生重要的作用，学校财务的管理对象也从对资金的管理转变为对信息的管理。

（四）智能化的管理方式

在网络语境下，财务人员将资金的使用状况制成表格，通过计算机来进行分享，使每个人在第一时间看到学校财务的收支情况，在减少财务人员工作量的同时，提高了财务人员的工作效率，使学校对财务的管理更加便利和智能化。

（五）管理结构和方式的改变

学校传统的财务管理方式阻碍了学校的进步和发展，限制了学校竞争力的提高。而在信息技术的应用下，学校的管理方式和结构发生了重大的变化。网络财务以互联网技术为基础，以财务管理为核心，实务管理与财务管理相结合，以实现远程办公、动态核算和在线财务管理。这种变化在提高学校管理手段的同时，加速了学校的发展和学生教育的进步。只有学校解决好自身的问题，才能更好地解决学生的问题。在网络财务的引导下，财务管理从学校内部扩展到学校外部。并且，在提高学校自身的竞争力及吸引力的同时为大力发展教育事业做出相应的贡献。网络技术的应用，对学习财务人员的自身技能也提出相应的要求，使其能在自觉地提升自身技能的同时对学校的财务管理起到更积极的作用。

（六）网络化对学校实现规模经济所导向的财务会计管理方式的转变

首先，网络化最能体现在学校的物流、信息流和资金流三个方面，它整合了学校发展中重要的三个要素并使它们能良性协同发展，充分的信息沟通协同了财务和业务，让学校能更好地控制财务预算，加强学校内部各个部门之间的联系，更加强了学校整体的竞争实力。其次，网络缩短了时间、空间的距离，各学校之间在财务会计活动中也因业务往来而互通有无和资源共享。如网络化的学校财务会计管理方式是实现学校规模经济的合理形式的必要条件，学校通过规模效应不仅能保证基础学科的教育质量，而且通过网络平台来互通各学校的特色专业学科的教学并取长补短。财务一直是为教学业务服务的，网络财务拓宽了教学业务的平台。

三、学校财务会计管理存在的不足之处

（一）网络下的财务会计管理模式没有达到一定的效果

目前，我国网络技术的应用已经普及化，但是我国部分学校仍然保持着传统的财务会计管理模式，因此网络环境下的管理模式的应用受到了很大的阻碍。这种现象使得学校的财务会计管理模式跟不上时代的潮流，阻碍了学校的财务会计管理工作的发展。

（二）忽视了财务信息的应用

随着网络技术的发展，我国已全面进入信息化的时代。而我国大部分学校把工作的重

心转移到了网络技术的应用上，忽视了传统的财务信息数据的重要性。这使得财务会计管理工作的发展缺乏对财务信息数据的应用。财务信息并没有发挥出多大的作用。网络环境下的管理模式并没有对学校的财务会计管理工作起到一定的作用。

（三）财务预算和财务控制的不规范

学校财务会计管理中的计划性在于财务预算的正确估算，财务控制在于如何保证财务预算的顺利实施。传统的学校财务会计管理模式特征主要表现在高度集中的决策控制，管理职责的细分程度差，财务会计活动多不正式化和财务缺乏透明性和公开性，因此产生很多弊端，学校内部的财务信息或其他信息无法实时共享，这就使学校出现问题时的决策无法表明是符合程序的，从而导致学校在管理制度方面的不规范化和不正式。

（四）学校财务会计网络安全管理的规范不足

网络环境下会计信息的安全关联着整个学校的管理体系，尤其是财政全额拨款的预算单位的学校，部分学校财务会计管理自身监管部门面对风险问题的防备能力与安全防备意识相对薄弱，这就导致财务会计人员在网络技术应用与研究的过程中频频出现问题。学校在单位信息安全管理工作中遇到突发紧急事件时，难以有效对问题加以处理和解决，导致学校财务会计管理工作的规范性与可靠性大大降低。

（五）学校从事财会管理相关工作的职员缺乏实践能力

在网络环境下，学校只注重网络技术的升级改造的投入，而忽视了对财务管理人员相关网络操作实践的培训，使操作人员对于财务信息资源没有做到高效利用，从而导致学校财务管理工作在实践环节缺乏必要的数据支持，对学校财务管理工作造成了相当大的影响。

四、网络环境下的学校财务会计管理的创新发展

（一）拓展了学校财务管理的空间

网络环境下的空间距离消失了，财务信息实时共享和传递使学校的决策层无论在哪里都能了解整个学校的财务资金状况、财务预算的执行进度，不仅能强化学校管理层对财务预算的监控，还有利于整合财务资源。学校财务管理组织还能利用相关财政平台进行预算编制、政府采购、支付管理等财务活动。

（二）学校财务管理实现在线管理

传统的会计核算方式使会计部门与业务部门不同步，当业务经济活动发生之后，财务人员才通过会计核算系统将经济活动的结果转化为会计信息，具有延迟性。网络财务会计打破了时空的限制，因此业务发生的同时就能及时将信息存入相应系统，财务信息处理系

统也能得到及时更新，管理部门也就能及时安排相关业务活动和财务活动，这就实现了财务活动的在线管理。

（三）会计信息存储方式的创新改变

网络财务发展后，财务介质通常以电子化方式存在，有电子发票、电子订单、电子结算单据等各种电子单据。如现在学校使用财政补助收入的资金购买打印机的硒鼓、墨盒时只要在财政预算平台上备案后就可通过在政府采购平台来完成采购付款的全过程，从政府采购目录中挑选所需商品到网签合同及最终通过财政直接支付，其所有程序用网络的形式传输。

（四）网络财务会计提供了财务人员全新的办公模式

在网络环境下，只要联网就能查询到任何想要的财务信息，能够实施全天候的财务会计管理，真正做到移动办公和在线办公。

五、学校财务会计管理模式在网络环境中创新的具体措施

（一）加速信息化社会建设，提高学校信息化水平

当前我国学校在管理过程中最大的挑战是怎样充分利用先进的网络技术来变革学校的财务管理运作模式，我国学校之间信息化管理水平有很大差距，不仅妨碍了学校间的信息化沟通交流，也阻碍了学校网络财务会计模式的施行。学校应该把网络技术和先进的管理理念相结合再与科学的业务流程重新组合，加快内部组织之间的信息交流和沟通，逐步建立并完善学校内部组织网络，为学校财务会计的网络化实施提供保障。

（二）提高学校网络环境下的安全风险防控能力

随着财务会计网络化的发展与普及，通常会导致学校在运营过程中面临新的风险。但为了促进学校稳定的运营与发展，使学校适应新环境，学校管理部门应充分提高自身的安全防范能力，把网络环境下的安全风险防控作为学校财务会计管理工作开展的重点项目。在平时日常实践工作中对各项财务的重要数据信息加以备份。对原来传统的纸质文件及时转化为信息化数据并加密保存，定期设置相关防护系统来降低因相关安全风险的问题对财务会计管理工作造成的不良影响。

（三）完善学校管理体系中的内控制度，提升学校财务会计管理水平

学校要加强学校内部控制，首先要在学校内部营造和谐良好的管理环境，结合信息化技术的高效应用，加强学校的内部审计工作，保证学校各运营环节合规。其次，学校管理部门还需要对内部控制环境进行各项措施改进，建立全新的财务项目管理制度，不定期对

学校内部的各项业务进行审计，使学校的内审工作可以有效开展，从而促进学校财务管理工作的提升。

（四）政府对学校提供财政平台上的技术培训支持和相关政策法规的保障

目前事业型学校的很多业务在财政提供的网络平台上完成，如财政预算、财政授权支付、财政直接支付、政府采购等项目。学校财务人员对于财政平台上的网络操作不够熟悉，且财政系统不定期的升级改造使得很多对电脑和网络操作有困难的财务人员忙于应付，降低了工作效率。因此政府在建设网络平台的同时应加强对使用操作的财务人员的培训指导。在加速建设信息化高速公路的同时不能放任有危害电子商务和网络财务管理的行为发生，为学校在安全网络环境下健康运行保驾护航。

综上所述，随着我国网络技术的发展，我国学校财务会计管理模式的目标更加得多元化，主体向着虚拟化的方向转变。但是，目前我国的学校财务会计管理模式在网络环境的作用下仍存在着大量的不足，必须要进行规范和完善。我们目前还在不断的摸索实践中，对网络环境下的学校财务会计管理模式的创新就是对传统财务管理模式的推陈出新和扬长避短。只有真正做到切实提高财务管理的工作效率，加强学校管理内控制度的实施，实时监控财务预算执行等，完全能保证学校的正常有序的运营，这样的财务会计管理模式才能有效地适应网络环境下的学校运营，为未来国民的教育事业添砖加瓦。

第五节　医院财务会计管理模式

随着信息时代化的发展，我国社会经济和科学也不断地发展与进步，还有人们生活水平的不断提高，大家对生活质量和保障的要求也越来越高。医院所面临的生存和发展也越来越受到大众的关注。国家正在逐步放开医疗卫生的市场与竞争，实行"全面性"的放开，将医院现代化的财务会计管理引入国内医院综合管理中，加速推动我国医疗事业的改革过程。重新构建相关企业的财务会计管理模式，要将"权责明确、管理科学"的重要特征淋漓尽致地体现出来，实现管理和制度的创新。

21世纪是信息新媒体网络化的时代，目前国家将医院现代化的财务会计管理模式引入国内医院的综合管理中，有效地推动了我国医疗事业的改革进程。医院的财务会计管理模式想要实现"系统和规范"的管理，就需要实行财务会计信息化管理。这样一来，既可以提高医院管理服务的水平，又增强了对医疗开放后的重心竞争力，还可以促进医院健康而和谐的发展。本节将对我国医院的财务会计管理模式的局限性提出问题及解决方案。

一、医院财务会计管理的现状

随着信息化的快速发展，很多完备的信息技术手段也在各个行业中得到了认可和广泛运用，医院财务会计管理也在其中，目前有些医院在一定程度上已经建立了财会的管理信息系统，但仍处于初级阶段，没有与广泛的医疗信息形成联结，导致各个系统之间的互通合作遇到了困难，也致使信息共享发展受到了阻碍。在数据管理不完善的现状下，大多数医院无法实现"可视化"和"精细化"的管理目标。虽然有些医院使用计算机技术进行综合管理，可是涉及面积小，重点也只是对库房的管理，没有真正地实现财会管理模式的预期目标，更不用说实现对物流的综合管理了。无法精准地计算库存周转率的占用情况和物资耗损，还有真实的物资成本计算，也无法准确地对"采购、使用、领用"环节进行预算控制，这些都会造成医院不能有效地将物资和设备进行利用。

一些医院针对这些现状，提出了绩效考评这样的管理制度。初期，这一制度在一定程度上带动了员工的"积极性"和"管理热情化"，但是大部分的工作仍是处于原始的手工操作阶段，在操作这一块就存在着很大的局限性。比如基础管理信息收集不全面，这样"多位一体"的绩效考核体系就无法形成了。有些医院的会计成本核算管理缓慢，不见效，也是导致缺失各方面信息化的重要原因。因此可以看出财会管理在现代企业中占据着什么样的地位。

二、医院财会管理信息化的影响与作用

对于医院日常的管理服务和未来的发展，具有显著影响的就是实行财会管理信息网络化。在医院财会管理实践的过程中，离不开价值信息的科学支持，医院繁多的信息成为重要的管理手段。信息流对"人流、现金、物流和发展方向与目标"的综合调节可起到一定的作用，特别是各项优势信息，更是发挥着重要的作用。

（一）工作人员快速地登录系统

快速登录系统这个是基本功，但它却决定着获取所需全面信息的速度，为节省时间和精力、提高整体效率，就需要工作人员快而准地熟练操作。

（二）规范了医院的财务会计管理

财务会计信息化的管理，可以使工作人员利用计算机搜罗、分类、归纳和汇总，还可以利用相关的软件对此进行分析和整合，最后编制成相关的财务报表，通过此模式进而为医院提供精准而有价值的数据参考。

（三）提高了工作人员的责任心和工作效率

此网络系统在登录的时候，会自动记录登录者的登录名、操作时间和相关的操作内容。这无形之中就提高了工作人员的能力与责任心，还可以避免有些人想偷懒或者工作失误的情况发生。

（四）整体提高了医院的管理服务质量水平

财会信息管理化这个模式减轻了相关工作人员的压力，使他们在工作上可以利用大量的时间来提高医疗管理水平，也减少了相互纠缠、被投诉情况的发生。

二、加强完善医院财会管理信息化的措施

（一）全面构建预算管理系统

全面预算管理系统包括对编制的审核、预算实行的管理还有分析，对医院各个科室、部门对综合业务的相关工作需求进行合理的预算，可以有效地保障数据的准确性，预算对象也能落实到各个职能和管理科室当中，以此来实现医院财会管理信息化模式的预期目标。

（二）加强财务人员的素质

想要更好地完成医院财会信息化管理，就要定期对相关工作人员进行培训，比如"业务素质""管理素质"等。只要他们能够适应并紧跟现代数字财会信息管理的要求和标准，改进医院财会管理信息化的模式就不成问题。

（三）科学地建立财会管理和物资管理系统

完备的财管系统是由信息化设定时间并且自动转接系统中一环扣一环的各项业务数据，比如"门诊""住院""工资"等。从住院到就诊等一系列的转结账记录，并生成各项数据报表。由此可见，科学构建对财务管理存在着重要的作用，只有充分利用并发挥它的优势，合理选择管理软件工具，才能将财管系统科学地构建起来。

（四）加强财会系统的监管

强化医院财管系统的安全监控，制订相应的系统运行环节，进行24小时不间断的监控，确保系统出现问题可以及时更正。这样才能维护整个系统数据库的完整性。

（五）系统的整合建立

一套完整的医院成本核算体系发展的核心，应该放在如何健全财管系统和医院信息系统，并且综合采集各类成本的要素。成本核算还需要其他系统的支持和辅助。整合建立成

本核算，可以满足各类对象的需求，也可以因此构建医院综合的成本核算体系。

通过上述的分析和总结，"鼓励才会使人成长"，调动财会人员的积极性和责任心。为了实现管理过程透明、可检查、可跟踪这一目标，就必须强化信息化建设，改进医院财务会计信息化管理的模式，需要医院相关人员在实践中不断地吸取经验、总结教训、深化改革内容、创新的模式，以更好地促进和发展医院的现代化财会信息化的管理。

第六节　财务会计与管理会计信息化融合教学模式

本节首先针对财务会计与管理会计信息融合教学的必要性进行探讨，从信息融合优势的角度入手。其次，重点论述融合教学模式在财务会计与管理会计教学中的应用方法，并针对教育教学计划开展中的常见问题，整理出教学模式解决措施，提升教育教学计划开展后的综合效果，也帮助学生构建有利于学习能力提升的环境。

一、财务会计与管理会计信息融合教学的必要性

构建一致目标。教育教学过程中将财务管理与管理会计进行信息化融合教学，能够帮助构建一致性的教学目标。在教育教学过程中，不仅能够明确过程，也能对所设定目标中存在的不合理情况进行调整。一致性目标，有利于教育教学计划的开展，结合市场财务会计环境做出更新。无论是财务会计，还是管理会计及工作开展，都涉及技术更新与理念更新。如果采用独立教学的方法，可能会影响到现今技术的融合使用，通过财务会计与管理会计信息化融合教学，不仅能够构建一致性的教学目标，教育教学过程中资源分配使用也更加均衡。能够有效结合社会行业发展现状，对当前教育教学计划进一步完善。

完善工作方法。财务会计与管理会计在教学过程中都涉及大量理论知识教学，仅仅依靠学生在课堂中学习的知识内容，并不足以完成复杂的工作任务。因此，更重要的一点是在学习过程中掌握工作方法，并能够在未来的工作成长中不断强化个人学习能力，财务会计与管理会计充分融合后便创造了这一条件。信息化融合教学模式，对学生工作方法完善以及学习理念构建有着很大的帮助，建立财务会计与管理会计融合的教学模式，也是学生综合素质提升不可缺少的基础。

二、财务会计与管理会计信息化融合的教学模式

利用信息化技术构建数据库。信息融合教学模式中，实现财务会计与管理会计的一体化教学。首先需要利用信息化技术构建共享型数据库，能够同时满足财务会计与管理会计不同的教学任务需求，教学期间虽然将财务会计与管理会计进行信息化融合。但两者之间

在基础知识内容上仍然是属于独立的，因此所构建的信息数据库，既要满足不同教学任务开展的需求，同时也需要在数据库中体现人物和信息的安全性。在财务会计与管理会计教学计划开展中，利用信息化技术构建的数据库，具有极强的融合意义，也能够在教育教学计划中，体现出不同信息数据库的管理需求。通过综合数据库构建，可以帮助完善学生的学习理念，在日常学习中，也有更多可供利用的资源，方便教师与学生在学习方法中做出创新。

理论教学与实践教学结合进行。财务会计与管理会计采用信息化融合的教学模式，还需要在理论教学与实践教学方面进行比例调整，由于会计专业涉及的专业知识比较复杂，理论学习难度也比较大，如果仅仅依靠课堂中的理论学习环境来实现专业技能水平提升，存在一定的难度，但如果能够在信息化融合教学方法中进行理论教学与实践教学之间的结合，学生学习理论知识后，可以快速进入实践强化环节，理论知识学习后也能形成更深刻的印象。开展理论教学与实践教学结合，还需要创造有利于学生强化实践能力的学习环境，可以利用学校模拟出的财务信息与管理信息工作系统来进行，使学生在校期间便能够体验到真实的工作环境。

制定融合性教学计划，合理分配资源。融合性教学计划的构建，还需要对教学资源进行均衡分配，教学中要确保财务会计教学内容与管理会计教学内容之间所占有比例是相同的。避免采用融合教学方法后，出现教学资源分配不均衡的问题。开展教育教学计划，还需要根据学生的反馈结果，对资源分配进一步调整。侧重强化学生学习中掌握水平不足的部分，对于学习方法的构建与完善，可以充分引导学生参与其中。在教师的帮助与鼓励下，学生所学习的知识内容才能够得到更好的强化。融合性教学模式开展后，均匀分配资源还有利于帮助学生构建学习信心，学生在学习期间面临的种种问题，大部分为学习目的不明确以及学习方法不合理，在这样的前提下，调整资源分配比例，强化学生学习的不足，各类问题自然也能够迎刃而解。

由于互联网下的智能计算机将会替代会计领域单一技能的工作，我们对会计人才的培养应从记账核算人员，向培养专业层次较高的复合型人才转变。要适应时代需求，培养的会计人才应具备大数据视野、懂得信息技术，从信息的制造者向利用者转变，能够运用会计信息帮助各个经济体做出战略决策，对整个经济体业务活动进行高效的控制和管理，创造出更大的经济效益。

第七节　数据共享模式下财务会计与管理会计的融合

本节将首先阐述数据共享模式对财务工作的影响，其次分析数据共享模式下管理会计与财务会计融合的必然性，最后结合当前存在的问题，提出加强数据共享模式下财务会计和管理会计有效融合的可行性建议。

大数据时代，数据已成为连接企业与客户之间的纽带，数据收集得越多，服务得越精准。大数据与商业智能的结合可以帮助企业在经营的各个环节降低成本、提升效率，同时大数据在企业运营层面的应用，也得到了资本市场的广泛关注，数据分析能力逐渐演变为企业的核心竞争力。财务会计和管理会计是会计系统的核心部分，它们的融合必将是会计学发展的大趋势，尤其是在当前大数据背景下，两者的融合可以更高效地提升企业运营管理水平，提高市场竞争力。

在企业的会计工作中，主要包括两种形式。一种是管理会计，它是从传统财务会计中分离出来的，与财务会计并存，主要是对财务信息进行分析、控制，协助企业管理当局对日常发生的各项经济活动进行规划和控制，为各层次管理者的科学决策提供量化的信息支持。另一种是财务会计，它是将信息和数据进行相关处理和加工，遵循会计准则，真实地反映企业的营运状况。对企业已经发生过的每一笔经济业务都要进行记录，就是通常所描述的记账、算账、报账这一完整的业务核算过程，并且做出客观的财务分析。从本质上来说，会计就是价值管理活动，从属于经营管理的范畴。企业管理会计和财务会计虽然工作的内容不同，但是最终目标都是服务于企业的运营管理的。

管理会计的产生晚于财务会计，出现管理会计的原因是在经济发展的实践中，传统财务会计的职能不能满足企业经营管理的需求，而管理会计的组织、规划、控制和评价职能可以弥补财务会计在信息分析、预测和决策等方面的欠缺。

财务会计将成本分为产品成本和期间费用，并要求在一个会计期间内匹配所发生的收入与成本，却无法体现收入与成本之间的因果关系。所以财务会计只适合将整个公司的综合性财务信息呈现给它的外部信息使用者，它对企业内部管理者的信息分析价值非常有限。

管理会计将成本分为变动成本与固定成本，固定成本又可以进一步分为直接成本与间接成本，它能体现出收入与成本之间的因果关系，这说明管理会计提供的是细节性信息，去展示单个产品或某个部门的财务信息，并通过本量利分析模拟不同经营方案的财务结果。因此，管理会计提供的细节性信息可以帮助企业管理者进行日常经营活动的计划、决策和控制，它是内部管理者应广泛使用的管理工具。

由于财务报表的外部使用者不了解企业真实的经营状况，企业管理者很有可能在利益的驱动下，通过粉饰财务会计报表的相关数据，误导信息使用者，所以国家规定企业的财务会计报表必须严格按照公认的会计准则进行编制。管理会计报表的编制者和使用者都是企业内部的管理者，属于企业内部管理行为，不需要依据公认的会计准则去编制。管理会计报告强调的是符合经营现状的逻辑关系，最终目的是为了更好地支撑企业内部一系列的管理活动。

财务信息必须符合准确性和相关性的特征，只有这样才能被信息使用者采纳。财务会计提供的信息首先更加侧重准确性，然后尽量保持一定的相关性。因此，财务会计更多地要求去采用历史信息，以确保准确性，只有在保证一定准确性的前提下才允许使用公允价值。而管理会计大量地运用预测的财务数据来描述未来的经营情况，帮助企业内部的信息使用者提高决策能力，更侧重信息的相关性，同时尽量保证信息的准确性。

一、数据共享模式对财务工作的影响

一直以来，会计信息的收集主要以结构化数据为主，大数据时代的到来给我们带来了一种全新的、富有创造力的会计技术环境，在这个背景下，会计工作产生了大量的非结构化数据，如各类报表、图形、图像、音频和视频信息等，企业如果能有效且精准地分析这些非结构化数据，将会给企业带来巨大的竞争优势和增长潜力。

（一）促使企业的财务工作转型

对企业决策者而言，拥有管理思维模式的财务工作人员，完成企业财务分析和战略制定，可以更好地创造企业效益。传统的财务工作缺乏战略思维，只看重财务、数据、报告，忽视业务、信息、分析等实质性工作，财务人员的大量时间在处理经济业务，信息化水平较低，最终对整个企业的经营管理提供的信息是有限的，而且这些财务数据来自发生过的业务，即历史数据，不能在企业将来的经营期间做出明确的指导。所以在数据共享模式下，企业管理层合理配置资源、优化决策，对当前和未来的经济活动进行预测、决策、规划、控制，能够在企业经营管理中发挥更大的作用。

（二）促使企业管理创新

大数据技术推动企业信息化进入新的发展阶段，企业管理方式发生变化，比如扁平化组织形式和商业规则正在形成，新技术和管理的创新融合在一起赋予管理会计新的内涵。具体说来，在过去，企业只局限于应用内部财务数据，现在大数据信息的采集处理，扩展了管理会计的数据范围，使得企业对定额管理、项目造价、经营预测等合理性评估变得可行，同时，也为管理会计深化应用提供了新的路径和方法。

（三）促使会计人员成为管理型会计

面对现在的大环境，随着财务信息化的普及和发展，越来越多的企业需要管理和财务复合型的人才，传统的财务工作很快被智能工作所取代，会计人员要加强学习，提升业务能力，转型成为企业管理型人才，才不会被行业的发展所淘汰。大数据时代，财务部门在企业中也将成为综合性很强的部门，会计人员需要有一定的知识广度，对企业的生产经营流程控制、内部管理和财务控制、企业战略决策、风险管控和成本分析等管理方式和具体工作能力提出了更高的要求。所以在数据共享模式下，会计人员只有形成系统性和管理性思维，熟练地进行会计核算，成为真正的管理型会计，将财务会计与管理会计工作真正融合在一起，才能推动企业价值的实现。

二、数据共享模式下管理会计与财务会计融合的必然性

会计体现了社会生产关系，随着生产力的进步而不断发展。在数据共享下，管理会计和财务会计融合是会计发展的一项重大突破，是对企业会计的深度完善，更是经济发展到信息时代的必然性结合。企业各类财务信息在数据共享下，都要以管理会计的工作要求考虑去扩大信息范围，最终充分发挥会计的职能。

（一）管理会计与财务会计融合的理论基础

从理论上讲，会计学包含了会计和管理两个方面，在实务中，会计部门的管理会计职务与财务会计记账核算人员只是分工上的不同，他们之间是一个完整的会计体系。管理会计和财务会计都是对企业各种资源要素的确认、计量和控制，两者从企业内外不同的角度对待企业的经营活动，发挥不同的职能作用，但是目的一致，都是加强企业的经营管理，提高企业的经济效益，这为两者的融合提供了目标基础。

（二）管理会计与财务会计融合的必然性分析

大数据时代，将全方位地改进企业的商业模式和数据分析思路，而且由于信息技术、电子商务等交易方式不断创新，催生了很多新型业务，管理会计和财务会计的融合，就是将企业的财务活动同管理行为紧密联系在一起，从业务开始时就介入其中，并给出信息化数据去支撑经营决策。随着大数据技术的进一步深入，两者有序地融合还会进一步促进企业实现管理会计信息化，使企业在新的发展时期，经营预测、预算管理、运营分析、成本管理活动能够顺畅地开展，最终实现企业的战略发展目标。

三、数据共享模式下财务会计向管理会计转型存在的问题

现在，我国只有经济发达地区的优质企业强调了管理会计的功能，并积极推进其在企业中的实际应用，但是在大多数企业中仍然未能有效地运用管理会计，没有建立一套管理会计应用体系。

（一）缺乏会计工作转型意识

企业认为财务部门是非核心部门。管理者认为，财务会计做好日常核算、编制报表、申报纳税等工作，不需要参与到企业管理和决策中去。但是目前我国企业普遍存在管理会计发展水平低的现实情况，更没有认识到大数据下管理会计信息化的重要性，忽视管理会计信息化实际就是忽略面向管理会计的财务信息化，这些都直接制约了财务会计向管理会计的转型。这些都是企业缺乏会计工作转型的意识所带来的停滞不前，忽视信息时代给企

业带来的翻天覆地的变化，很多企业的财务工作仍停留在电算化阶段。

（二）会计人员工作能力有限

企业中的会计人员不仅要有专业知识和业务处理能力，大数据时代，管理会计的发展离不开信息化的支持，此时还需要会计人员熟悉统计和运筹技术，掌握数据分析能力，能够对经营问题直面分析论证，并提出相应策略去解决问题，而这些恰恰是现在企业会计人员所缺乏的，业务素质不高、工作能力有限是会计工作转型中的最大障碍。

（三）财务数据的安全性有待进一步保障

大数据时代背景下，数据传输速度快，网络病毒和黑客入侵，网络安全受到了很大的挑战，给企业管理会计工作也带来了风险考验。此外，数据的受众人数越多，其被窃取和泄露的可能性就越大。企业内部人员有可能因为职业道德的缺失而泄露企业的财务数据，尤其是核心财务数据，这些都会给管理会计的安全性带来冲击。所以，为了有效提高企业数据的安全性，促进财务会计和管理会计的融合发展，需要进一步保障企业管理会计的安全性。

四、加强数据共享模式下财务会计和管理会计有效融合的可行性建议

中国企业已积累了一定的会计工作经验，会计工作取得了显著的成果，但是，中国企业内部管理会计的运用还不普遍、不精细。同时，企业经营的市场化、国际化和信息化又日益成为中国企业管理会计必须发展的基本动因。当时在大数据背景下，在企业的运营模式、业务决策确定的过程中，财务必须参与进去，会计人员要从业务的角度去探讨项目是否可行，进一步融入企业未来业务发展和对应的资源配置等具体问题中去，这是不可阻挡的历史潮流。

建立数据共享的基本运行机制。我国企业对管理会计应用的现状不仅体现在应用管理会计普及度上，也体现在企业对信息与数据的获取与处理深度上，所以进一步提升企业对业务财务数据与信息的获取与处理能力是企业有效应用管理会计的关键。构建财务与业务的数据共享平台，有效融合业务系统、ERP 系统、预算平台、数据分析平台等多种数据来源，为企业提供多方面、多层次的管理分析和经营决策支持。根据国家财政部倡导建立管理会计指导下的财务共享中心，其财务核算方式颠覆了传统的财务会计的工作方式、流水线的运作模式，借助标准化的流程、精细的专业分工和信息技术，提高财务工作效率，也为企业管理报告提供一个贯通上下，融合业务和财务的立体式数据支撑体系，使企业低成本地获得大量的业务和财务数据，为管理会计报告的编制提供基础。

转变高层管理者和会计人员的观念。会计工作强调专业性和技术性，企业管理者必须意识到企业绝对不能只停留在财务会计层面上，应积极推动企业会计工作转型升级，和管

理会计结合，突出价值链管理。同时随着企业运营越来越强调一体化，要求财务活动与经营管理也要一体化。所以在大数据时代，需要企业管理者有一个根本意识的转变，从原来重视资本市场和筹资融资活动，转向更加重视实体经济，从而提升对管理会计的重视程度。而企业会计人员也要转变观念，打破现有工作定势和思维惯性，除了专业知识，管理能力也必须提升，因为只有学会利用大数据技术对企业运营风险、发展前景进行分析与评估，才能给管理决策者提供有价值的参考意见，帮助企业实现价值最大化。

构建企业管理会计信息化。虽然大数据时代的到来给企业带来巨大的数据信息，且数据是纷杂的，但企业只要建立良好的数据处理平台，充分掌握一定的数据处理能力，就能够将管理会计和财务会计更好地融合在一起。传统的会计核算工作，需要大量的人力、物力，处理速度慢、效率低。管理会计信息化，是会计工作发展的大趋势。同时，企业管理者依靠建立的多维度、多层次的核算理念和会计数据体系进行科学的预测，并运用管理会计的技术方法，制定正确的、符合企业实际情况的经营和考核政策，促进企业提升管理水平和价值创造，最终减少企业经营风险。

发掘数据的价值，实现管理智能化。大数据时代，企业要结合自身的实际情况，创新出新的管理会计工具，以促进管理会计和财务会计的融合，比如预算管理、战略管理、作业成本管理、本量利分析、平衡计分卡。具体来说，挖掘数据价值，实现管理智能化，企业以价值为导向，加强数据、计算、模型、算法各方面的能力，充分利用管理会计工具，实现数据和管理的智能化。

数据共享时代，一定会给我国会计行业带来严峻挑战，这是不争的事实，但是我们也应看到它也创造了新的发展机遇。在经济全球化的今天，改变传统的行业思维和认知，推动大数据与会计学的紧密结合，使管理会计与财务会计相融合，贯穿到战略规划、全面预算、运营监控、业绩评价的整个价值链中，能更大地创造经济效益，促进企业发展，为传统行业提供新的发展动力。

第八节　企业会计成本控制下的财务管理模式

经过调查研究，在当前社会的国有企业经营中，普遍出现了经营能力下降的情况，这一情况的出现主要与企业成本控制绩效不高息息相关。为了进一步提升国有企业的经营能力，如何提高财务管理的水平是本论文的主要研究方向。进一步控制成本成了财务管理的主要手段，为了进一步控制企业的会计成本，创新财务管理模式，是当前企业发展的重要环节。

本节主要以生产性的企业作为研究对象，并将国有企业的会计成本进行控制作为考察的具体对象。通过对当前的经济情况数据进行分析可知，当前社会的国有企业盈利的情况普遍出现了下降的趋势，这一趋势不但与我国当前的经济整体环境有关，也和会计成本的控制息息相关。由于前者主要是大环境下的宏观因素，无法在较短的时间内解决，而后者则是企业自身的因素造成的，能够通过对企业内部进行调整而改变。所以，为了进一步提升国有企业的盈利能力，通过财务管理的手段进行成本控制是本论文主要的研究方向。

对当前社会上一些关于会计成本控制的书籍进行研究可见，这些书籍主要从会计核算入手进行强化，一味地认为通过这种手段就能够提高成本的控制绩效。但实际情况并不是这样的，会计核算的这一工作主要是在经济事件发生以后的一种行为，可能会给下一阶段的成本的控制提供参考，但是对于正在进行的经济行为是没有作用的。这也就说明了会计核算这种事后的行为方式是没有办法对当前的财务管理模式提供保障的。

一、关于企业会计的成本控制内容的分析

将经济效益作为目标导向的成本控制。通过"利润＝收益－成本"这一公式可以看出，为了实现企业利润的最大化，在前提收益不变的情况之下，只能是追求成本的最小化。但是，通过对当前的社会经济情况进行分析，我们可以看出当前的收益水平其实是处于下降的趋势的，在这种情况下，成本只能是更大程度上的降低。这也是当前许多国有企业面临的重要问题，如何最大限度地降低企业成本。

在国有企业的体制机制的转变之中，股份制的产权形态开始构建起了一个庞大的组织构架。在这一背景之下，国有企业为了实现自身的经济效益目标就需要通过两个方面来完成成本的控制。一个就是需要解决在组织的生态之中没有竞争的因素，从而改善单位工效不高的情况；另外一个就是要求进一步解决信息不对称的情况造成的成本控制缺位的问题。

将社会效益作为目标导向的成本控制。为了实现社会效益的目标，不仅可以从国有企业的社会性身份进行解构，还可以通过对国有企业的所有权的形式进行认知。本篇论文主要通过对后者的研究进行探索，虽然当前社会中国有企业的产权形式已经转化成了股份制，但是这也只是企业在生产经营的过程之中的一种具体表现形式而已，其本质上还是公有制企业。因此在实际的管理和创新之中，并没有真正实现对于企业管理的激励作用，由于其对于管理阶层的激励已经造成了普通职工无法接受的地步，因此也就出现了当前国有企业的管理中的不公平的情况。

从表面上来看，这些情况与会计的成本控制并没有多大的联系，但是，由于其管理之中缺乏约束激励，造成企业经营成本提高，这种不公平的现象直接影响着职工日常工作的绩效，这也是当前国有企业盈利情况下降的重要原因之一。

将生态效益作为目标导向的成本控制。在国家的发展之中，习近平总书记提出了"绿水青山就是金山银山"的口号，这也就说明了，企业在生产经营的过程之中不能将破坏生态环境作为企业经营和发展的垫脚石，在许多企业的发展之中起到了较好的价值观的引领作用。尤其是对一些将自然资源作为企业发展的主要方向的国有企业来说，企业在发展的过程中就会将自然资源的破坏作为企业发展的主要手段。比如山西的许多煤矿企业，由于

前期的大开发、大勘采，使得山西省当地许多地面都出现了塌陷的情况，造成了当地的自然资源的破坏，这样的发展无异于竭泽而渔。所以，把生态效益作为目标导向的成本控制，能够在企业的发展过程中促进经济的可持续发展。

通过对以上的三个方面进行成本的控制，可以看出在当前企业的发展之中，单方面的成本控制已经不能适应时代经济发展的需求，也需要在一定程度上通过财务的管理模式进行企业成本的控制。

二、如何进行成本控制与财务管理的契合机制设计

财务管理的主要对象就是资金，资金就是企业的资本；而会计的成本控制对象主要是生产资料，生产资料也是企业的资本。为了使二者之间实现更好的契合，需要从以下三个方向进行设计。

第一，成本控制是财务管理的主要目的，在国有企业的资本管理之中，财务部门主要对资金的时间维度和空间维度的流通和分布情况进行监管。有人会简单地认为财务的管理就是对资本的循环的管理，其实并不是。在财务管理的过程中，其管理的目标是与企业的总目标一致的，而企业的总的目标就是提升盈利的情况，同时这也是经济社会对企业发展的要求，通过这样的分析也就明晰了财务部门管理的主要目标。通过上文中的深入分析我们可以了解，财务的管理的主要目的也就是为了实现成本的控制。

第二，财务管理是成本控制的主要手段，但是通过会计核算或者通过职工进行成本控制，不能完全解决当前企业成本控制绩效低迷的情况。其主要的原因就是由于前者主要是以反馈作为主要的手段，并不能实现过程的控制，后者主要是对职工的岗位意识进行强调，通常会导致出现监管缺位的情况。由于国有企业在长期的发展之中已经形成了独特的组织形态，非正式的组织较多，一般这些非正式的组织往往会干扰企业的决策，使得企业的实际监管的效力降低，所以，需要在财务的管理之中进行弥补。通过进一步强化财务的预算、资金管理及调动工作人员的积极性，在完善绩效考核的基础之上，由外至内地建立起国有企业特有的意识形态。

第三，二者之间的相互契合满足了多元的目标函数。通过以上两方面，我们可以看出控制成本是当前国有企业发展的重中之重，财务的管理主要也是围绕这一目标开展的。因此将二者进行完美的切合能够实现经济效益目标的实现。

通过本篇论文的研究可以发现，成本的控制和财务管理之间的契合主要表现为，财务管理的主要目的就是实现成本的控制，而成本的控制成就了财务管理的具体的手段，两者之间满足了多元的目标函数等。在这种基础之上对财务的管理模式进行深入的探究，不断地健全财务的管理机制，对进一步完善财务的管理目标，使企业的收益进一步提高，促进社会经济的发展有着重要的意义。

第六章　财务与会计信息系统维护

第一节　系统维护概述

系统维护是软件生命周期法的最后阶段，也是延续时间最长、费用投入最大的阶段。系统维护是指为了保证系统能正常工作，适应系统内、外部环境和其他相关因素的变化而采取的有关活动。系统维护的内容主要有系统软件维护、数据维护、代码维护、设备维护等。

系统维护的目的如下：

1. 维持系统的正常运行。系统正常运行的工作包括数据收集、整理、录入，机器运行的操作，处理结果的整理和分发，系统的管理和有关硬件维护，机房管理，空调设备管理，用户服务等。

2. 记录系统运行状况。这是科学管理的基础，包括及时、准确、完整地记录系统的运行状况，处理效率，意外情况的发生及处理等。它是进行系统评价的基础。

3. 有计划、有组织地对系统做必要修改。系统修改的起因是多方面的，主要包括管理方式、方法及策略的改变；上级的命令、要求；系统运行中出的错；用户提出的改进要求；先进技术的出现等。对系统的任何修改都必须非常小心谨慎，有计划、有步骤地执行。

4. 定期或不定期地对系统运行情况回顾与评价。所谓财务与会计信息系统维护，主要是指对财务与会计信息系统软件和硬件系统的修正改造工作。通过系统维护，改正系统存在的错误或不足，完善系统的功能，使系统适应新的环境，保证系统正常运行。

系统维护工作是一项极其重要的工作。这是因为财务与会计信息系统是一个比较复杂的系统，当系统内、外部环境发生变化时，系统要能适应各种人为、机器的因素的影响；当用户在使用过程中遇到一些以前没有发生过的问题，不断提出新的要求和建议时，系统要能通过二次开发予以满足。

系统维护工作也是一项经常性的工作。维护的工作量在财务与会计信息系统工作中所占比率很大，与此相应的是，系统维护费用也很高。财务与会计信息系统的应用对象总是处于动态的变化之中，无论财务与会计信息系统设计得如何周密、完善，在实施和运行期间必然会产生偏差。因此，财务与会计信息系统维护工作伴随着财务与会计信息系统的诞生而产生、发展，直到生命期的终结。具体地说，导致财务与会计信息系统维护工作的原因主要来自以下几个方面：

● 会计制度、法规的变更。

● 企业管理方式、方法的改变。

● 会计处理过程／程序的变化。

● 用户需求的不断增加。

● 计算机软、硬件系统的更新换代。

● 原系统设计的某些不完善或错误。

因此，财务与会计信息系统的维护包括软件维护、硬件维护和使用维护等。依据软件维护目的的不同，软件维护可分为以下几种：

1. 纠错性维护，即排除软件在运行中显露出的错误。

2. 适应性维护，即为适应外界环境变化而进行的修改。

3. 完善性维护，即为扩充功能或完善性能而进行的修改，如增加打印新的分析报表、改进数据组织或处理方法、缩短某个处理的等待时间等。

依据软件维护的对象不同，软件维护还可分为以下两种：

1. 应用软件的维护。若处理的业务、数据或信息量等发生变化，会引起应用软件的变化。应用软件的维护是系统维护最重要的内容。

2. 数据文件的维护。系统的业务处理对数据的需求是不断变化的，数据文件也要适应变化的情况，进行适当的修改，增加新的内容或新文件。

硬件维护指对计算机主机及其外部设备的保养，发生故障时的修复和为适应会计电算化软件的运行而进行的硬件调整等。

使用维护包括初始化维护、系统环境维护、意外事故维护、计算机病毒的防治等。本章主要介绍财务与会计信息系统的使用维护，运用信息管理系统的观点，从系统转换与初始化、操作权限、系统运行、备份与恢复、计算机病毒防治及防火墙的建立七个方面讲述财务与会计信息系统维护的主要内容。

第二节　系统的转换与初始化

一、系统转换

系统转换是指将现行会计信息系统向新的会计电算化信息系统转变的过程。当财务与会计信息系统通过严格的测试后，就进入系统转换过程。系统转换时需将现行会计信息系统的文件转换到新系统中去；对已调试好的新系统加载，准备试运行或运行；把有关资料、使用操作和系统控制权正式移交给用户。

系统转换的最终形式是将财务与会计信息系统的全部控制和使用权移交给终端用户。系统转换的主要内容包括组织机构、人员、设备、处理方式等的转换。一般而言，系统的转换有并行方式、直接方式、试运行方式、分段方式四种。

（一）并行方式

此方式是指原会计系统和财务与会计信息系统并行运行，在财务与会计信息系统全部投入使用后的一段时间内，原会计信息系统继续运行一段时间，待运行成功后再进行切换。并行方式耗费虽大，却十分安全稳妥。财政部要求，会计电算化系统全部替换原会计系统，会计应用软件要通过评审，与原会计系统并行运行 3～6 个月，并保存完整的与原会计处理相一致的会计业务数据。因此实务中多采用并行转换方式。

（二）直接方式

此方式选择一个适当的时刻正式启动新系统，与此同时，现行的会计信息系统停止运行，直接用新的会计电算化系统全面替换手工系统。显然，直接方式的耗费最小，但风险最大。该方式适用于经过较长时间考验、成功把握较大的情况，而不适合重要系统的转换。会计电算化系统若选用直接方式进行系统转换，要准备应急措施，以保证系统转换工作的顺利进行。

（三）试运行方式

将财务与会计信息系统的主要功能与原会计系统并行试运行，直至试运行满意后，才将整个财务与会计信息系统直接投入运行，以替换原会计系统。

（四）分段方式

此方式是指分期、分批逐步以财务与会计信息系统替代原会计系统，即当新系统的一部分经过一段时间运行并成功以后，再转换该部分现行系统。这种转换方式必须事先考虑好各部分之间的接口，当新系统与现行会计信息系统之间的差别太大时不宜采用。

显然，试运行方式和分段方式是基于耗费与风险的权衡而采取的一种折中的方式。

二、初始化

财务与会计信息系统的初始化工作是指用户根据本单位的具体情况，为会计电算化软件系统设置相应运行环境的工作。通过初始化设置，确定本单位的会计核算规则、方法和基础数据，将一个通用软件转化为适合本单位具体情况的专用软件。初始化工作质量的高低，直接影响着会计电算化软件运行状况的好坏。初始化工作主要包括以下内容：

（一）账套设置

所谓账套设置，就是用户依自己的需要建立独立的核算单位。为一个独立核算单位建立的一套独立的账簿体系，称为一个账套。对于一个企业集团，可为各独立核算单位定义若干个账套，组成一个完整的会计核算体系。每个账套均可独立进行的科目代码设置、记账凭证输入、记账、结账、报表编制、银行对账等各种功能。设置账套是用户启用会计电算化软件所需做的第一项工作。

（二）操作员权限设置

出于系统安全和数据保密的需要，由于工作内容、岗位和职位不同，会计信息系统操作人员的权力范围也不同。例如，凭证录入人员有权输入、修改凭证，但无权审核凭证，无权修改会计核算的方法，无权变更其他操作员的名称、权限；部门经理有权查询有关账表，却无权更改凭证和账表。操作员权限的设置方案必须认真设计，要从功能处理权和数据存储权两个角度来设计权限的设置方案，还要将计算机操作系统的安全机制与财务与会计信息系统的操作权限结合起来考虑，否则会给系统运行带来隐患。

（三）会计科目的设置

依据财政部颁发的会计制度及有关规定，结合本企业实际，确定并输入会计科目的名称及编码，要建立会计科目名称与科目编码的一一对应关系。凡会计制度已统一规定的科目及编码，企业不得随意改变，但可根据实际情况自行增设、减少或合并某些科目。会计制度对一级科目进行了统一的编码，一级科目由三（四）位数字组成，其最高位的数字规定为整数 1、2、3、4、5 五个数字，其中，数字 1 表示资产类、数字 2 表示负债类、数字 3 表示所有者权益类、数字 4 表示成本费用类、数字 5 表示损益类。编码要做到标准化、通用化，并具有一定的扩充能力，因此一般采用混合编码方式，即一级科目采用分类编码，明细科目则采用顺序编码。

（四）初始余额的输入

账户初始余额的输入，应以原会计系统的账簿为准。在此需要特别提出注意的是，如果企业财务与会计信息系统的初始化，是在年中而非年初进行，如从 8 月开始的，那么其账户的初始余额的输入该如何处理呢？对于此种情况，可采用以下两种方法：一是直接以7 月底的各项数据作为年初始余额输入；二是直接输入原账簿的年初始余额，同时补充输入 1 月至 7 月的记账凭证。显然第一种方法较省力，但编制会计电子报表时，部分项目数据无法直接从财务与会计信息系统的账册中获取，如资产负债表中的年初数、损益表中的本年累计数等；第二种方法虽正规，但工作量太大。

较为折中的方案是以现行账簿的年初数作为年初始余额输入，同时依次输入各会计科目1月至7月各月份的累计发生额。

（五）会计报表的公式定义

会计报表是在日常核算的基础上，进一步加工汇总形成的，会计报表是对单位财务状况的经营成果的综合反映。通用的商品化会计核算软件通常都提供一个功能强劲的报表生成器，通过这个报表生成器，可完成各种不同种类报表的定义与编制。

会计报表中的各个数据项（表元），是用户根据报表与账表、报表与报表、报表与其他系统之间的关系而确定的。在报表生成器中，可通过报表公式定义，给出报表编制方法和表间勾稽关系。定义报表编制方法的数学表示，又被称为运算公式，即用于说明表元的数据取自哪些部门、哪些账表并通过什么运算处理得来的。

一个公式用于定义报表中一个表元的计算或审核方法。一旦报表各表元的公式定义完毕，那么会计报表就可依据公式自动填列，只要报表各表元填列规则不变，该会计报表的定义就可反复使用。如第四章所述，商品化的会计核算软件通常都提供各种取数函数供用户选择，并备有公式引导输入功能，以帮助用户完成对报表公式的定义。

（六）凭证类型和自动转账设置

我国会计实务所用的记账凭证种类，可分为收款凭证、付款凭证、转账凭证三种记账凭证，也可分为现收、现付、银收、银付、转账五种记账凭证，或者无论收款、付款还是转账业务均只用一种记账凭证。

所谓凭证类型的设置，即指用户根据企业的经营特点及管理需要，从中选一种分类方案。凭证类型一旦定义并使用，一年之内不能变动，若要修改、调整，必须等到下一年度的年初。

在转账业务中，特别是在结账时，许多记账凭证是有规律、重复地出现的，这些凭证除了发生额，其他项目如摘要、供货科目、计算方法都基本不变。用户可在初始化时将该凭证的内容存入计算机，并定义为"自动转账分录"，用不同的分录号标明，凭证的借贷发生额由取数策略决定。对于设置为自动转账的业务，只要将"分录号"输入计算机，计算机就会根据事先定义的金额来源或计算方法自动填写相应金额，产生记账凭证。自动转账凭证又称机制凭证。这些记账凭证，有的在记账时编制，有的在结账时编制。

财务与会计信息系统的初始化工作除了上述这六项基本内容外，还包括非法对应科目设置、外汇汇率输入等内容，若要分部门与项目核算，还要对部门与项目信息进行设置。

第三节　财务与会计信息系统的操作权限维护

财务与会计信息系统加工、存储的是企业的重要经济数据，对这些数据的任何非法泄露、修改或删除，都可能给企业带来不可估量或不可挽回的严重损失，因此无论是对会计电算化还是对企业而言，安全保密性都是至关重要的。

财务与会计信息系统的安全保密工作，通常包括对操作人员使用系统功能的权限设置以及对操作目标的权限设置两大部分。

一、操作人员的权限设置

本节关于财务与会计信息系统初始化的内容中，已介绍过操作权限的设置。操作权限设置的作用，一是明确财务与会计信息系统操作人员的注册姓名、代码及口令；二是明确特定的注册代码、口令的权限。

任何想进入财务与会计信息系统的用户，必须输入注册姓名、对应代码及口令，只有在三者的输入完全正确时，才能进入财务与会计信息系统，否则将被拒绝。

进入财务与会计信息系统后，用户也只能执行授权（权限）范围内的相关功能，如财务与会计信息系统中的各种账、表进行的凭证输入、记账、编制会计报表等相应操作。

二、操作目标的权限设置

操作员的操作目标，是系统中的文件，具体对财务与会计信息系统，就是系统记录和表达经济业务数据的各个文件。操作目标的权限设置，就是指通过对不同类型的文件或目录设置适当的属性，约束或限制删除、改名、查看、写入及共享等操作，以达到保密、安全的目的。对于某个特定的操作目标，一般可进行以下几种权限设置：管理员权限、只读文件权限、写文件权限、建立新文件权限、删除文件权限、修改文件权限、查找权限、修改文件属性权限等。根据用户代码、口令级别的不同，可将以上权限全部或部分地授予用户。

文件的属性有多种，且有些还可对网络用户发生作用。在微软的 FAT 数据格式中，用于保密安全的有下列属性：

● 只读属性（READONLY）

如果文件具有这种属性，则只能读取该文件，但不能修改和删除该文件的内容。因此与该属性相对的是读写属性（READ/WRITE），具有读写属性的文件可以被用户读取、写入、改名及删除。

● 隐含属性（HIDDEN）

如果文件具有这种属性，则文件在对文件名列表时不显示出来，因此不知道该文件的名字的用户，就不能感知该文件的存在。

● 系统属性（SYSTEM）

与隐含属性相似，如果文件具有系统属性，即为系统文件，则其不在列表清单中显示出来。这样，可防止文件被删除或被拷贝。

以上各类权限既可单独使用，也可配合使用，在实际中，通常是配合使用的。配合使用时需注意的是：文件属性保密性优先于用户等效权限。以只读属性为例，如果文件是只读文件，则不论用户等效权限如何，用户对该文件只能读，不能写、换名和删除。

在网络化的财务与会计信息系统应用中，以上诸属性尚达不到系统安全的目的，应当使用微软的 NTFS 数据格式，或其他安全级别更高的操作系统。

第四节　财务与会计信息系统的运行维护

财务与会计信息系统运行维护，主要是指为保证系统正常运行而对系统运行环境进行的一系列常规工作或措施，包括外界的物理环境及系统内部环境。

一、系统运行环境维护

财务与会计信息系统若要可靠运行，首先必须要有良好的外界环境。由于人们往往对不良环境可能对计算机系统造成的危害认识不足，当计算机发生物理损坏、程序出错、数据丢失、输出结果莫名其妙时，就需要从计算机运行环境的外界环境方面找问题。

（一）外界环境的影响因素

计算机所处外界环境的好坏主要取决于供电电源、温度、静电、尘埃四大因素。

1. 供电电源

计算机对供电质量和供电连续性要求很严，它要求连续的、稳定的、无干扰的供电，俗称"清洁"电源，若直接使用普通的工业供电系统给计算机系统供电，存在以下三个主要问题：

（1）供电线路环境噪声。输电网的电力调节、电力设备的启停、闪电、暴雨等均可产生电噪声干扰和瞬变干扰。据美国的统计数字，这类干扰占典型供电环境的90%，而计算机50%的错误是由这类干扰引起的，它轻则使程序出错、数据丢失，重则能击穿计算机的芯片，使机器损坏。

（2）电压波动。电压波动既可以是瞬间波动，也可以是较长时间的过压或欠压供电。如照明灯的忽明忽暗，就是电压波动的表现。无论是瞬间波动或过压、欠压供电，都会对计算机产生"冲击电压"或"浪涌电压"，使计算机出错或损坏。

（3）停电。停电既可以是供电停止，也可以是瞬间断电。所谓瞬间断电，从宏观上看，供电并未停止，只是在某一瞬间，即在几个毫秒内断了电，然后又马上恢复了。对于瞬间断电，人们往往不熟悉，也不易察觉，计算机对此却十分敏感。无论是突然停止供电还是瞬间断电，都会产生严重的后果，甚至有可能损坏或损伤硬盘。

2. 环境温度

不良的环境温度会严重损害计算机的存储器和逻辑电路，加速电子元件的老化。因此，计算机一般禁止在低于5℃或高于35℃的温度下使用或存放。经验表明，温度过高就会大大增加存储器丢失数据和计算机发生逻辑错误的概率。过低或过高的温度还可能会使硬盘"划盘"，使硬盘遭受损坏。

3. 静电

积累在物体上的静电荷，会对计算机造成严重破坏。人们在地毯上行走可产生高于1.2万伏的静电，在正常的温度范围内，即使是在乙烯醛地板上走动也可产生4000伏静电。已得到证实的是，仅仅40伏的静电就可使微机产生错误。静电与湿度有密切的关系，如果室内相对湿度低于40%，静电的危险性就大为增加；如果湿度高于60%，凝聚的危险增加，引起电接触不良甚至腐蚀，或引起电子器件短路。

4. 尘埃

灰尘不仅是软盘和磁头的大敌，而且也是其他计算机设备的大敌。

（二）外界环境的改善与维护

为改善、维护外界环境，一般应建设专用机房并安装空调，保持室内清洁和适当的湿度，有条件的还应装防静电地板。对于供电电源，必须做到以下几点：

1. 采用专用的干线供电，线路上不安装其他大型用电设备；

2. 计算机应接入同一供电线路或电源，并统一接地，以减少电源相位差所产生的噪声；

3. 各台计算机与终端应装上分开关，以减少使用统一开关所产生的浪涌电压；

4. 在电源后面安装具有滤波和隔离功能的电源稳压器，以抑制瞬变干扰、冲击电压、浪涌电压的危害，使电压得到稳定；

5. 在稳压电源后面接入不间断电源（UPS），以保证突然断电时有充足时间采取必要的防护措施。

二、系统内部的环境维护

所谓内部环境，是指财务与会计信息系统运行的软、硬件环境，如果软、硬件环境不能满足要求或不匹配，系统也不能正常运行。

（一）硬件维护

对企业而言，硬件维护的主要工作，是在系统运行过程中出现硬件故障时，及时进行故障分析，并做好检查记录，在设备需要更新、扩充、修复时，由系统管理员与维护人员共同研究决定，并由维护人员安装和调试。系统硬件的一些简单的日常维护工作通常由软件维护人员兼任，主要工作由硬件销售商负责。以下是企业中较常见的硬件日常维护工作：

1. 硬盘、内存的有关维护

会计电算化软件的正常安装、运行需要较多的存储空间，即需要足够大的硬盘空间。首先，在将会计电算化软件安装到硬盘上之前，要检查并清除硬盘上的病毒、删除硬盘上不需要的文件、目录（或文件类），重整硬盘文件；其次，在会计电算化软件日常运行时，可通过删除硬盘上保存的已备份过的以前年份的数据来缓解硬盘空间的紧张形势，可通过关闭一些任务的窗口来释放内存空间。在微软的 Windows 操作系统系列产品中，要定期对其注册表进行维护，以提高系统的工作效率。

2. 打印机、显示器的有关维护

财务与会计信息系统运行中，经常需要对记账凭证、日记账、报表等进行查询和打印。查询结果需要通过显示器和打印机输出。每一种类型的显示器和打印机都有各自的驱动方式。目前，计算机的外部设备大多具有即插即用和热插拔的能力，但对于一些较陈旧的设备，或是比财务与会计信息系统所用操作系统版本更新的设备，系统就不能自动地正确识别。因此，会计电算化软件要正常运行，必须选择与之相适配的显示、打印驱动程序。

（二）软件维护

财务与会计信息系统投入运行后，可能需要对系统的功能进行一些改进，这就是软件维护工作。软件维护与数据维护是系统生命周期的最后一个阶段，工作量最大，时间也最长。对于使用商品化会计核算软件的企业，软件维护主要由会计软件公司负责，企业只负责操作与数据维护。财务与会计信息系统数据维护的目的，是使系统的数据映像能够准确地反映企业资金的历史状态、运行状态与现时状态。对自行开发会计核算软件的企业，需设置专职系统维护员，负责系统的软、硬件维护工作。软件维护主要包括以下内容：

1. 正确性维护

正确性维护旨在诊断和改正使用过程中发现的程序错误。

2. 适应性维护

适应性维护是配合计算机科学技术的发展和会计准则的变更而进行的修改设置活动。例如，会计软件的版本升级、会计年度初始化、月初始化工作等。

3. 完善性维护

完善性维护是为满足用户提出的增加新功能或改进现有功能的要求，对软件进行的修改。相当多的企业，受财力、人力所限，最初只在会计核算方面实现了电算化，使用一段时间后，人们往往希望将会计电算化范围扩展至会计计划、会计分析、会计决策等方面，这时就必须对原会计电算化软件进行修改和完善。

4. 预防性维护

预防性维护是为给未来的改进奠定更好的基础而修改软件。

决定软件可维护性的主要因素是软件的可理解性、可测试性和可修改性。因为在系统维护前只有理解需维护的对象才能对之进行修改；在修改后，只有进行了充分测试，才能确保修改的正确。因此，在系统开发、维护的过程中，要保留完整、详细的文档资料。对于商品化会计软件来说，其应用系统的操作功能维护比较困难，一般应由软件生产商来进行。如果对现有系统的维护费用已超出或接近重新开发一个新系统时，就应报废现有系统，重新开发一个新系统。

第五节　数据的备份与恢复

通用会计软件系统都能直接在硬盘上存储会计数据。在计算机系统中，数据是为各种应用提供服务的基础，甚至可以说，数据是比计算机设备本身还宝贵的资源。用户最关心的问题之一，就是他们的数据是否安全；当系统数据因事故而丢失、破坏或被修改时，是否有办法恢复。备份的目的是为了防止发生意外事故。意外事故不可能经常发生，因此我们使用备份数据的频率并不是很高。正因为意外事故发生的频率不高，因而往往使人们忽略了数据备份工作。本节将分别讨论如何防止硬盘数据丢失，以及恢复磁盘丢失数据的策略。

一、数据备份

数据备份的目的是为了防止发生意外事故。通常，数据备份是增加数据可用性的基本方法，通过把重要的数据拷贝到其他物理位置，如软盘、磁带、可拆卸磁盘、光盘等存储介质上。当数据遭到意外损坏或者丢失时，再从所复制的位置把数据恢复到需要的地方。

根据不同的命题，可以对各种备份方法进行分类：

1. 根据备份数据的具体方法分类，有全量备份、增量备份和差量备份；

2. 根据备份时间的不同，可分为即时备份、定时（计划）备份和自动备份；

3. 根据备份过程和系统运行的关系，可分为冷备份和热备份；

4. 根据备份对象的不同，可分为文件备份和映像备份；

5. 根据存储介质的不同，可分为磁带备份、磁盘备份、光盘备份；

6. 根据备份数据的物理位置，可分为本地备份、局域网备份、远程备份、异地备份。

如上所述，有全量备份、增量备份、差量备份三种备份解决方案可供选择。全量备份就是每次都用一盘磁带对整个系统进行完全备份，包括系统和数据。增量备份就是每次备份的数据只是相对于上一次备份后新增加和修改过的数据。差量备份是每次备份的数据都是相对于上一次全量备份之后增加的和修改过的数据。

制作数据备份的周期不能太长，一般最长不能超过一个月，对重要的数据需要每天备份，这样备份数据就可以尽可能地反映系统的最新状态。财务与会计信息系统工作时，在重要业务处理结束时、会计分期终了进行结账前、删除硬盘上的历史数据之前，都必须做数据备份。应制作 A、B 两组备份，并将 A、B 两组备份存放在相隔较远的不同建筑物内，防止火灾等自然灾害发生后使数据备份全部被破坏。备份数据的保存地点应防磁、防火、防潮、防尘、防盗、防霉烂，应采用一些专用设备来保证存储介质的完好，免受灰尘、高温、高湿、磁场、碰撞等因素的损害。

对于一些重要的会计数据，如记账凭证，现金及银行存款日记账、总账，要按规定做硬拷贝备份（打印输出）并存档。

二、数据恢复

将备份数据复制到硬盘上的指定目录下，使系统还原到原有状态或最近状态，这就是数据恢复。备份技术本身不仅仅是拷贝数据，更为重要的是解决何时、何地，采用何种方式拷贝何种数据到何种设备上，以及如何恢复等问题。

使用全量备份方式，当事故发生时，只要用一份灾难发生前一次的数据备份就可以恢复丢失的数据。然而，由于每次都对系统进行完全备份，在备份数据中有大量重复的数据，如操作系统与应用程序。

使用增量备份方式，既节省了存储空间，又缩短了备份时间。但当发生灾难时，恢复数据比较麻烦，必须首先找出上次的那盘完全备份磁带进行系统恢复，然后再找出以后各次的增量备份介质，依次进行恢复。这种备份的可靠性也最差，各份备份介质间的数据关系一环套一环，任何一份备份介质出现问题，都会导致恢复失败。

使用差量备份方式，避免了上述两种备份策略的缺陷，系统恢复时，只需要一份灾难发生前的一次全量数据备份与灾难发生前的一次差量备份就可以将系统恢复。

拥有数据备份设备，仅仅为我们的数据保护工作提供了必要的物质基础，真正能够使之发挥效能的还在于完善的数据备份管理策略。备份的核心问题是对数据的管理，可管理性是备份中一个很重要的因素，因为可管理性与备份的可靠性紧密相关。如果一种技术不能提供自动化方案，那么它就不能算的最好的备份技术。

数据备份系统是一个较为专业的领域，应选择售后服务能力强的备份设备供应商和专业服务商作为合作伙伴。专业知识和经验是设备供应商和专业服务商做好售后服务的重要保障。

值得注意的是，在对系统数据进行恢复之前，必须首先将会计应用系统中的数据进行备份，以保存最新数据，避免在数据恢复过程中，错把应用系统中的最新数据蜕变成备份介质上的旧数据。通常只允许少数经特定授权的系统维护人员使用数据恢复功能。

第六节　计算机系统与网络安全维护

影响计算机系统与网络安全的因素有很多，有的来自系统内部，有的来自系统外部。本节主要讨论来自外部的影响因素。来自系统外部的安全隐患，主要有计算机病毒和黑客的攻击。

一、计算机病毒的防治

所谓计算机病毒是指编制或者在计算机程序中插入的破坏计算机功能或者毁坏数据，影响计算机使用，并能自我复制的一组指令或者程序代码。

计算机病毒一般具有以下重要特点：

（一）计算机病毒是一个指令序列

计算机病毒是程序，但不是一个完整的程序，而是寄生在其他可执行的目标程序上的程序。

（二）计算机病毒具有传染性

一种计算机病毒能够主动地将其自身的复制品或变种传染到其他对象上，这些对象可以是一个程序，也可以是系统中的某些部位，如系统的引导记录等。

（三）计算机病毒具有欺骗性

计算机病毒寄生在其他对象上，当加载被感染的对象时，病毒即侵入系统。计算机病毒是在非授权的情况下具有一定欺骗性而被加载的，此即"特洛伊木马"特征。

（四）计算机病毒具有危害性

计算机病毒的危害性又称破坏性，包括破坏系统，删除、修改或泄露数据，占用系统资源，干扰系统正常运行等。此外，计算机病毒一般都比较精巧、隐蔽和顽固。计算机病毒侵入系统后一般并不立即发作，而是经过一段时间，满足一定条件后才发生作用，这就为其自我繁殖和破坏争取了时间。

目前，理论上并不存在一种能自动判别系统是否感染病毒的方法，以下是一些计算机病毒发作时的常见现象：

- 操作系统无法正常启动，数据丢失；
- 能正常运行的软件发生内存不足的错误；
- 通信和打印出现异常；
- 无意中要求对可移动存储器进行只写操作；
- 系统文件的时间、日期、大小发生变化，文件目录发生混乱；
- 系统文件或部分文档丢失或被破坏；
- 部分文档自动加密码；
- 磁盘空间迅速减小，运行速度明显变慢；
- 网络驱动器卷或共享目录无法调用；
- 屏幕出现一些不相干的信息；
- 自动发送电子函件；
- 主板 BIOS 可实现软件升级的程序混乱，主板被破坏；
- 出现陌生人发来的电子函件；
- 网络瘫痪，无法提供正常的服务。

为了加强对计算机病毒的预防和治理，保护计算机信息系统安全，保障计算机的正常应用与发展，根据《中华人民共和国计算机信息系统安全保护条例》的规定，公安部制定了《计算机病毒防治管理办法》。《计算机病毒防治管理办法》指出，计算机信息系统的使用单位在计算机病毒防治工作中应当履行下列职责：

- 建立本单位的计算机病毒防治管理制度；
- 采取计算机病毒安全技术防治措施；
- 对本单位计算机信息系统使用人员进行计算机病毒防治教育和培训；
- 及时检测、清除计算机信息系统中的计算机病毒，并备有检测、清除的记录；
- 使用具有计算机信息系统安全专用产品销售许可证的计算机病毒防治产品；
- 对因计算机病毒引起的计算机信息系统瘫痪、程序和数据严重破坏等重大事故及时向公安机关报告，并保护现场。

《计算机病毒防治管理办法》还指出，任何单位和个人在从计算机信息网络上下载程序、数据或者购置、维修、借入计算机设备时，应当进行计算机病毒检测。任何单位和个人销售、附赠的计算机病毒防治产品，应当具有计算机信息系统安全专用产品销售许可证，并贴有"销售许可"标记。从事计算机设备或者媒体生产、销售、出租、维修行业的单位和个人，应当对计算机设备或者媒体进行计算机病毒检测、清除工作，并备有检测、清除的记录。

计算机病毒对信息安全提出了巨大的挑战，特别是近年来，计算机病毒采用的技术越来越高明，并朝着更好地对抗反病毒软件、更好地隐蔽自身的方向发展。计算机病毒采用的新技术有对抗特征码技术、对抗覆盖法技术、对抗驻留式软件技术、对抗常规查毒技术和其他技术。为了对抗这些日益发展的新型病毒，反病毒软件也必须采用新的技术。目前较为实用的有特征码过滤技术、免疫技术、自身加密的开放式反病毒数据库技术和虚拟机技术等。

对于计算机病毒的防范，一是要在思想上重视、管理上到位，二是依靠防杀计算机病毒软件。必须通过建立合理的计算机病毒防范体系和制度，及时发现计算机病毒侵入，并采取有效手段阻止计算机病毒的传播和破坏，恢复受影响的计算机系统和数据。从加强系统管理入手，制定切实可行的管理措施，例如：

● 安装病毒检测软件，对计算机系统做实时监控和例行检查；

● 控制可移动存储器的流动，慎用不知底细的软件；

● 用户的权限和文件的读写属性要加以控制；

● 尽量不直接在服务器上运行各类应用程序；

● 服务器必须在物理上绝对安全，不能让任何非法用户接触到该服务器；

● 在互联网接入口处安装防火墙式防杀计算机病毒产品；

● 安装数据保护设备，如硬盘保护卡和加密控制器，保证系统软件和重要数据不被未经授权地修改；

● 在外网单独设立一台服务器，安装服务器版的网络防杀计算机病毒软件，并对整个网络进行实时监控；

● 建立严格的规章制度和操作规范，定期检查各防范点的工作状态。

对于当前的病毒威胁而言，最好是采用主动病毒防护系统，为网络提供始终处于活动状态、可以实时升级的防病毒软件。当新的病毒出现时，该系统会立即对防病毒软件自动进行升级。

二、计算机网络安全维护

随着计算机互联网的发展，会计软件的运行环境也从单机系统发展到局域网和互联网。但无论是企业单位还是政府部门，只要将计算机系统接入互联网，就会感受到来自网络安全方面的威胁，就有可能遭受来自网络另一端的人为的恶意攻击。这些来自外部的攻击有可能使正常运行的系统遭受破坏，有可能窃取企业单位的机密数据，有可能仅仅是某些高手的恶作剧。据统计，平均每数秒就会有一个网站遭到入侵。

系统防范与非法入侵是一对不断斗争的矛盾双方，目前还没有哪一个系统能够十分有把握地宣称可杜绝入侵，就连大名鼎鼎的软件帝国微软公司的电脑系统，也在 2000 年 10 月被神秘的黑客攻破。随着电子商务热和大型网站被攻击而引起的安全热潮，人们把信息安全推向了计算机应用的前沿。

为了财务与会计信息系统的安全，并且使其能在电子商务活动中支持正常的经济业务和贸易，必须给企业网络系统构筑安全防线。为保证系统安全，需在网络系统中安装适当的防火墙产品。

财务与会计信息系统的管理员应该在安全检测、网络安全监控、链路加密、网页恢复等方面进行系统维护工作。具体的工作可以在事故发生的前、中和后三个阶段进行控制。

事前阶段可以使用网络安全漏洞扫描技术，对网络进行预防性检查，及时发现问题，可以模拟黑客的进攻，对受检系统进行安全漏洞和隐患检测；事中阶段的目标是尽可能早地发现事故苗头，及时中止事态的发展，将事故的损失降到最小；事后阶段要研究事故的起因，评估损失，追查责任，进行多层次、多方位、多手段的电子数据取证，以追查事故源头。

随着互联网的发展和应用的深入，黑客入侵事件变得越来越频繁，仅仅依靠传统的操作系统加固、防火墙隔离等静态安全防御技术已经远远无法满足现有网络安全的需要了。入侵检测系统（IDS）是近年来发展起来的动态安全防范技术，IDS 通过对计算机网络或系统中的若干关键点信息的收集与分析，从中发现是否有违反安全策略的行为和被攻击的迹象。这是一种集检测、记录、报警、响应于一体的动态安全技术，不仅能检测来自外部的入侵行为，同时也可监督内部用户的未授权活动。

第七节　财务与会计信息系统的二次开发

根据不断变化着的市场及企业内部管理的需求，企业亟须得到各种各样的、大量的、全方位的信息，特别是有关经济业务的信息，以对这些信息进行分析，为管理决策服务。财务与会计信息系统在其开发时，虽然考虑了使系统尽量满足用户的需求，但针对用户的特殊要求，以及企业内部与外部条件和环境的变化，往往需要对会计电算化软件进行二次开发。

若企业的会计软件是通过自行开发或委托开发而为本单位定制的系统，一般对其进行的二次开发最好由系统的原班开发人员来完成。但是在这种情况下，往往不易区分软件的维护工作与二次开发工作的界限。

对商品化会计核算软件而言，为了方便用户的使用，提高会计核算软件的生命力，商品化会计核算软件在其推出之时，就十分重视最终用户对该产品二次开发的需求，并为此提供了若干二次开发的接口。由于商品化软件往往只提供可执行的二进制代码，因此对其数据处理部分进行二次开发比较困难。为了使软件的功能满足不断发展和变化着的管理工作的需要，可以采取对软件产品的版本进行升级的方法来达到二次开发的目的。商品化会计核算软件主要提供了数据输入与数据输出两个方面的二次开发接口。

一、数据输入的二次开发

为了严格地执行会计核算制度，商品化会计核算软件的数据输入设计对操作的控制十分严格，其软件产品提供的输入界面与数据（记账凭证）输入的内部程序控制关系一般不允许用户自行修改。在商品化会计核算软件中，为了接收系统外部数据的输入，如接收来自材料核算子系统、固定资产核算子系统、成本核算子系统、工资核算子系统、产品及销售子系统转入的机制凭证，以及数据的远程录入，软件产品中一般是提供一种标准数据结构的缓冲区来存放这些外来数据。对于以上这些从外部输入的数据，首先将其一律预先存储在这个标准数据结构缓冲区中；然后经过该系统原设计的数据输入通道再将缓冲区中的数据向账务处理系统导入。商品化会计核算软件就是应用这种标准结构方式，接收会计核算数据的脱机输入、支持记账凭证数据的多点采集、接收财务与会计信息系统中各功能核算子系统中产生并传送过来的机制记账凭证。

对于为满足系统的需要，经二次开发形成的新的功能子系统或子模块而言，其数据向会计核算账务处理系统的导入，也可利用这一特性。

二、数据输出的二次开发

财务与会计信息系统全面、完整地记录了会计核算数据，而如何用好这些数据，提高信息的利用率，是信息系统不断追求的目标。商品化会计核算软件为了方便用户，预先提供了一些样表，如资产负债表、损益表、现金流量表，以满足对标准会计报表的编制与输出。出于数据输出二次开发的需要，还要求许多不同格式的输出表格形式，以直接对会计核算系统中的数据进行分析。对于各种不同的数据需求方式，可以通过会计核算软件的自定义报表功能、数据导出功能、系统数据的直接访问等方式来得到二次开发所需要的数据。

（一）自定义报表

商品化会计核算软件一般都提供用户自定义报表的功能，其工作原理类似于 Excel 等电子表格的形式。为了进行特殊的数据分析与输出需要的报表格式，用户可以通过对报表格式、报表项目、取数公式进行定义，自行设计新的报表格式。商品化会计软件系统也相应地提供了一系列针对会计核算与分析应用的标准函数或子程序，以便用户在构建取数公式时调用。

（二）数据导出

通常对于各种计算机应用程序而言，都提供了一个数据导出功能，此功能一般安置在该软件主菜单"文件"项目中的"另存为"中实现。在商品化会计核算软件中一般也提供"数据导出功能"。在 Windows 操作系统环境下运行时，会计软件产品一般都采用 ODBC 数据协议提供数据导出功能，这样，可以方便地将会计系统中的内部数据格式导出，并转换为 Excel 电子表、FoxPro 数据库、Access 数据库、LOTUS1-2-3、HTML、纯文本节件等数据格式。数据导出方式，一方面具有操作简便、有效，输出的各种数据格式符合标准等优点。另一方面也存在以下不足：首先，使用数据导出时，要求用户开启商品化会计核算软件并进行交互式操作，人工进行干预；其次，在数据导出时，操作人员指定并键入的数据输出文件名要符合要求，否则会影响后续数据处理软件的正常运行；最后，数据导出方式不利于通过程序控制、自动执行来完成二次开发所要求的数据处理功能。

（三）直接数据访问

只要知道系统数据的存储格式，就可以直接对商品化会计核算软件系统中的数据库进行访问和提取数据。为了保证会计系统数据的完整性，采用对数据直接访问的手段应严格避免对原系统数据的修改、删除等操作，仅保留数据操作的读取权。

为了使会计人员不仅会使用会计软件，而且会对会计软件进行维护，会综合利用会计核算软件系统的已有数据进行财务分析，会在会计软件的基础上进行二次开发，许多商品化会计核算软件产品在会计软件的产品技术手册中，对最终用户公布了会计核算软件的数据处理流程、主要功能程序的模块结构、数据存储结构等技术资料，以便人们对财务与会计信息系统进行更高水平的应用。

第七章　信息化时代下财务会计工作的理论研究

第一节　企业财务会计信息化问题

在市场环境日益复杂的背景下，企业财务管理迎来了新的挑战，越来越受到企业与员工的关注与重视，针对这种情况，笔者认为应该将会计信息化应用到企业财务管理之中，全面提升企业竞争优势，推动企业财务发展。因此有必要深入探讨企业财务会计信息化问题。

信息技术的快速发展在很大程度上推动了企业财务管理方式的转变，将信息技术应用于企业财务管理是现代化企业财务发展的必然趋势，在转变企业财务管理方式的同时引导企业会计朝着信息化方法学发展。本节主要就企业财务会计信息化问题进行分析与探讨，希望对企业财务发展有所裨益。

一、会计信息化的相关概述

简单来说，会计信息化就是以财务管理与信息技术相结合的方式提升工作质量及企业竞争优势。会计信息化发展具有一定的要求，即在进行会计工作创新与改革的同时结合实际情况重新构建传统会计模型，以此达到提高会计工作影响力与吸引力、促进信息技术和企业会计融合发展的目的。在会计信息化全过程中渗透计算机技术是现代企业财务工作发展的重要需要，对企业财务进步及其工作效率的提升具有促进作用。为了进一步发挥高科技的优势，促进会计方式创新，提升企业财务与社会发展需求的适应性，需要在重视会计信息化作用的同时将其贯彻落实到企业财务全过程。

二、提升企业财务会计信息化的有效策略

（一）树立与时俱进的管理理念

企业财务会计信息化的实施需要与时俱进管理理念的支撑，落实到实际。一要引导财务人员树立与时俱进的管理理念，正确认识会计信息化的重要性及财务管理工作创新的必

要性，从而主动摒弃相对落后的传统观念；二要引导财务部门树立符合现实需求的管理理念，以财务管理创新理念带动企业其他部门理念更新，从而为财务会计信息化的顺利实施提供保证；三要引导财务人员形成一定的风险管理意识与观念，做好财务风险防范工作，避免会计信息化发展受到不必要的影响。

（二）做好内部审计工作

在会计信息化背景下，内部审计对企业财务发挥的影响越来越显著，面对此种形势，企业应主动做好内部审计工作，不断优化与完善审计制度，提升审计监管作用与审计综合能力，同时企业还应将会计信息体系与审计体系相结合，发挥二者结合的作用。另外，在进行内部审计体制构建的过程中，需要综合考虑审计部门特征与性质等因素，强化各部门监控，及时发现问题并加以解决，从而全方位提升风险管理的效率与质量。

（三）重视企业财务风险管理

企业财务会计信息化的快速发展在带来诸多机遇的同时也带来了一些其他问题，其中财务风险是最显著的问题，具体来说就是企业财务会计信息化在一定程度上转变了会计信息氛围与环境，使会计信息分析与解决朝着信息平台发展，若计算机系统与其不相适应，出现瘫痪的现象，则会给企业造成极大的损失。针对这种情况，笔者认为企业应提高对财务风险管理的重视，在实践中不断探索与总结风险防范体制优化策略，做好计算机监督控制工作，在降低财务风险的同时保证会计信息化稳定发展。

（四）进行企业内部控制制度优化

企业需要依据市场发展趋势制定与企业实际发展状况相符合的内部监督管理体制，并将之贯彻落实到全过程，企业内部监督管理体制与财务活动有着密切相连的关系，需要提升财务活动过程的透明度与经济活动的安全程度；另外还需制定符合企业发展需求的预算制度，在分析综合方案预算的基础上全方位记载企业相关部门的实际支出状况，保证经济活动的全面贯彻落实。为了取得更为理想的效果，促进企业财务会计信息化的有效实施，还需结合实际不断优化与创新，最大限度地提升财务预算的适应性，在这一期间若发生问题应第一时间进行解决，避免预算作用弱化。

（五）发挥财务管理队伍的积极作用

会计信息化在企业财务中的应用是一项相对复杂的工作，具有长期性与系统性，涉及多方面内容，在具体应用过程中不可避免地会发生一些问题，这就需要高素质、高技能的财务管理队伍进行问题处理，保证相关工作的有序进行。一方面，企业需要定期安排现有财务人员参与学习和培训，在开阔视野、拓展各方面知识的基础上提升综合能力与素质，使之熟练掌握会计信息化特征及应用能力，同时也需定期组织财务核算软件培训，提高财务人员对财务核算软件的认识与了解，能够灵活运用财务核算软件进行数据分析与处理，全面提高信息化水平；另一方面，企业需要制订符合现实需求的薪资待遇，一来激发财务人员的工作积极性与主动性，二来提升企业的财务影响力，积极引进更多专业人才，不断壮大财务人员队伍，提升财务人员队伍整体素质，为企业财务会计信息化的实现铺垫坚实的人才基础。

总而言之，企业财务会计信息化的实施是优化财务工作、提升财务数据准确性的有效渠道，有利于激发员工工作热情与提高企业财务工作质量。需要注意的是，会计信息化在为企业财务工作提供机遇的同时也带来了一定的挑战，因此企业在应用会计信息化时应综合考虑多方面因素，不断探索与总结会计信息化应用方法，全面发挥会计信息化作用。

第二节　会计信息化与企业财务管理

随着网络通信技术和计算机技术的快速发展，传统的财务管理模式已无法满足企业发展的实际需求。在现阶段的企业财务管理工作开展过程中，要求相应的企业能够结合时代发展特征，不断优化创新企业管理模式。通过会计信息化的方式，将企业的财务管理工作与会计结算进行有效的融合，以加快企业财务管理的改革和转型工作。本节就会计信息化与企业财务管理中存在的问题、如何实现企业财务信息化管理进行了研究讨论并提出了相应的工作建议，以供参考。

在现代企业管理工作开展的过程中，需要逐步加强企业财务信息管理工作，为企业的日常运营和发展提供基本保障。通过大量的调查发现，有部分企业已经意识到应用信息技术的重要性，在企业财务管理工作开展的过程中选用了部分管理软件，企业财务管理初步进入了会计信息化的模式。传统会计模式下的企业财务管理工作，常常会受到主观因素及客观因素等多方面因素的影响，加大了企业财务管理的难度。在实际的发展过程中，则要求企业能够清晰认识会计信息化与企业财务管理之间的联系，科学合理地利用会计信息化技术，为企业的正常运营和发展提供决策性的建议。

一、企业财务信息管理中存在的问题

（一）缺乏正确认识

随着科学技术的不断发展，在现阶段的企业财务管理工作开展的过程当中，要求企业能够结合时代发展特征，不断更新企业管理理念，优化企业内部结构，加强企业内部审计工作，全面加强企业内部调整工作，以适应社会发展，增强企业的核心竞争力。而在企业财务管理工作开展的过程中，由于部分领导人对企业财务信息化管理存在偏见，认为应用互联网加强企业财务信息管理工作，在一定程度上增加了信息泄露的风险，难以保障数据的完整性，很有可能面临无法挽回的损失。究其原因，是因为会计信息化的发展有待进一步完善和推广。

在部分企业生产经营活动开展的过程中，企业的管理人员更加注重短期的效益，安于现状，缺乏挑战意识和时代精神，把企业生产经营的核心放在了稳定经营上，没有意识到时代对企业提出的新要求，缺乏企业规划，没有正确认识到财务信息化管理的必要性。企业管理人员对于企业财务管理信息化建设缺乏正确的认识，在一定程度上增加了企业财务信息化管理的难度，难以达到企业发展的实际需求。

（二）软件性能落后

在企业财务信息化管理工作开展的过程中，首先要具备相应的硬件设施和软件设施，以此为企业财务信息化管理工作提供基本保障。但通过大量的调查发现，在部分企业生产经营活动开展的过程中，由于其相应的财务信息化管理软件的性能较落后，难以结合时代发展特征不断优化更新系统，难以达到企业生产经营活动开展的需求，增加了企业财务信息化管理的难度。更深层次的原因，则是因为大部分企业在生产经营活动开展的过程中并不具备自主开发信息化软件的能力，缺乏专业的人才和过硬的技术。因而在企业财务信息化管理工作开展的过程中，只能从大型企业购置相应的管理软件，进而造成企业财务管理软件与其自身的发展情况存在一定差异，难以为企业正常的生产经营活动提供有效的辅助参考，达不到企业财务信息化管理的要求。而国内专门制作财务软件的机构，在软件开发的过程中，受经验、资金、技术等多方面客观因素的限制，研发的财务管理软件达不到企业财务管理的要求。

（三）会计流程的不足

相对于传统的会计管理工作来说，会计信息化主要是通过汇总的方式来储存企业的数据和相关的信息。企业在财务管理的应用过程中，无法准确全面地反映企业的经济业务本身面貌，对于企业来说，这在一定程度上增加了其管理难度，同时还增加了潜在的安全隐患。在企业财务管理中所应用的会计信息化系统，仍旧存在反馈信息与业务情况不符的现象，还存在信息滞后等问题，难以保障会计管理的质量。而在企业财务管理工作开展的过程中，企业无法借助会计信息化所提供的数据信息，结合企业自身的经营情况以及生产活动情况来加强企业内部结构的调整工作。

在企业财务信息化管理工作开展的过程当中，由于现有的会计流程存在缺陷，难以为企业的生产经营活动提供相应的数据信息作为支撑，因此会计信息的优势也难以发挥和体现。现阶段大部分企业对会计财务流程的设定过于敷衍，难以达到企业财务管理信息化的需求。当发生经济业务之后，主要是由相应的部门和相关人员来进行记账和单据整理，缺乏系统的监督检查机制，常因为人为操作失误或漏洞，造成信息录入错误。

二、会计信息化对企业财务管理造成的影响

（一）对会计功能的影响

在企业财务管理工作开展的过程当中，会计信息化相对于传统的管理模式能够不断优化企业财务管理体系，分别从会计信息的生成方式、传输方式及会计目标三个方面影响会计功能，进而为企业财务管理工作提供有效的保障，不断优化创新企业财务管理的模式，使其能够适应时代发展需求，增强企业自身的竞争力。相对于传统的人工生成信息来说，会计信息化能够有效减轻会计人员的工作量，提高会计人员的工作效率，而借助现代化的信息系统，可以有效提高会计信息生成的效率，同时能够有效提高信息生成的准确率。

在传统的会计信息传输过程中，主要是以纸质传输为主，传输的速度相对较慢，效率低下。而会计信息化能够有效提高会计信息传输的速度，在保障会计信息传输准确性的同时，可以提高其传输的效率。加强企业财务管理的主要目的是为企业的经营发展、财务状况制订科学合理的财务方案，逐步加快企业生产经营活动。会计信息化能够帮助企业明确其财务管理的目标，通过会计报表，让企业的决策者准确地认识企业自身的情况，明确其生产经营活动当中存在的不足，加快企业的改革转型，推动企业经济发展。

（二）对会计人员的影响

随着信息技术的不断发展，企业财务管理工作已经发生了翻天覆地的变化，对企业的会计人员有了更高的要求。在现阶段的企业财务管理工作开展的过程当中，要求相应的会计人员能够熟练应用计算机，并能够熟练掌握计算机的各种操作。同时，还要求会计人员能够有一定的职业道德素质。在工作过程中，能够积极承担起相应的责任，坚守岗位职责，保障会计信息的安全。

事实上，对于会计人员来说，在会计信息化的时代背景下，要积极学习先进的技术和技能，不断提高自身的综合素质，在拥有传统会计技能的同时，也要熟练掌握信息化技术。在工作过程中，能够熟练运用信息化技术全面加强企业财务管理工作。在实际的工作过程当中，还要求相应的会计人员能够借助信息技术，全面加强企业财务的运行监管工作，以此保障企业正常的生产经营，以促进企业发展。这就要求相应的会计人员能够充分利用网络和信息技术，突破传统手工会计的局限性。通过企业内部网、外部网及互联网接收相应的数据信息，实现会计业务一体化的处理工作，全面加强企业财务核算和动态核算工作，为企业的正常生产经营活动提供有效保障。

（三）对内部审计的影响

加强企业内部审计工作，能够全面加强企业内部的监督管理工作，提高企业财务管理的质量。要想做好企业内部审计工作，首先要保障其收集到的相应的数据信息能够更加全

面科学可靠。在企业生产经营活动开展的过程当中，加强企业内部审计控制工作能够结合企业的生产经营活动，提高企业财务管理绩效。相对于传统的企业财务管理工作来说，会计信息化能够充分利用计算机和互联网等现代信息技术的优势，全面加强企业的财务管理工作，不断完善企业财务管理体系，从而有效减少记账、算账、报账等工作中的人为失误，全面加强企业财务管理工作。

企业内部的审计工作相对较烦琐，对相应的审计人员要求较高，除了掌握基本的审计专业知识之外，还要求相应的审计人员能够掌握系统软件的测试能力，全面加强会计软件的控制工作，以此提高企业内部审计工作的质量。而借助会计信息化能够充分利用互联网的优势，保障企业各种财务资料和会计信息的完整性和可靠性，以有效提高企业内部审计工作的效率和质量，有效避免信息失真的现象发生，降低企业内部审计工作的难度。

三、企业财务管理的改进策略

（一）转变管理理念，加强人才建设

在会计信息化的时代背景下，为了有效提高企业财务管理工作的质量，在企业的生产经营活动开展过程中，要求企业能够充分意识到会计信息化为其财务管理工作带来的优势，有效转变其财务管理观念，树立正确的信息化财务管理意识。为了实现企业财务信息化管理，则要求企业能够树立强烈的信息化意识，在实际工作过程中，能够借助会计信息化的优势，不断优化创新企业财务管理的方式方法，在进行企业财务管理改革的同时，能够清晰地认识到提升企业员工财务管理会计信息化意识的重要性，通过定期的培训和交流，不断提高企业财务管理人员的思想认识。

在工作过程中，能够积极学习先进的会计信息技术，以加快企业财务管理会计信息化的发展进程。调查结果显示，我国有将近60%的企业认为在企业财务管理信息化建设过程当中，企业财务管理信息化建设难以高效发展的原因是因为缺乏相应的技术人员。这就要求企业全面加强相关人员的培训工作，通过有效的培训，不断提高其工作人员的技能和综合素质，为企业财务管理信息化建设提供人才保障。同时，在企业财务管理工作开展的过程当中，还需要结合企业的自身发展情况，不断优化企业自身的会计队伍建设，从企业发展的全局出发，建立一个会计信息化的环境，提高企业财务管理的质量。

（二）优化企业结构，建立控制制度

在企业财务管理信息化建设的过程中，需要企业能够充分认识到其发展过程中存在的不足和缺陷，进而能够结合时代发展特征，借助会计信息化的时代背景，不断优化企业自身的发展结构，积极调整企业的内部结构，并建立相应的企业财务管理内部控制制度，以此保障企业财务管理信息化工作高效地进行。这就要求企业能够在会计信息化的形势下，全面做好企业内部控制工作，不断完善企业内部控制的制度，为企业财务信息化管理提供

基本保障。事实上，企业财务管理的流程在一定程度上也会影响企业财务管理的质量和效果。这就要求企业在生产经营活动开展的过程当中，能够落实财务管理工作，并将财务管理作为核心，建立相应的业务流程。

同时，还要综合考虑企业财务管理的现状，以及财务管理的目标，科学合理地制定企业财务管理规定和标准。在实际工作过程中，还要求企业能够充分考虑企业生产经营活动的需求，进一步完善企业内部管理制度，增强其管理制度的可行性和可操作性，不断优化企业内部的机构，借助有效的惩奖制度，全面加强企业内部人员管理工作，以此实现资源的合理配置。

（三）创新管理模式，加强风险预防

在企业财务信息化管理工作开展的过程当中，其管理模式在一定程度上也会影响企业财务信息化管理的效果。这就要求企业充分意识到会计信息化对于企业财务管理工作的重要性，在实际的财务管理工作中能够建立相应的会计信息系统，全面加强会计信息和数据的收集处理工作，为企业的正常生产经营活动提供有效保障。在实际的工作环节中，则要求相应的工作人员能够科学合理地设计会计信息化系统，保障会计信息化系统的安全性和稳定性，有效避免因信息泄露及数据错误等多种情况造成会计信息泄露的现象发生。倘若会计信息系统出现了漏洞或异常情况，很容易引发数据泄露或遗失等情况，这在一定程度上增加了企业财务管理的风险，难以保障企业的财务安全。

因而在现阶段企业财务管理工作开展的过程中，要求相应的工作人员能够结合时代发展特征，不断优化创新其管理模式，且能够不断完善企业财务管理的模式，加强风险预警。在工作过程中，则要求其相应的会计人员和审计人员能够积极承担起相应的责任和义务，在数据收集和处理的过程中，仔细严谨，且具有一定的风险防范意识和应急能力，当风险发生时能够第一时间处理，有效防止事件进一步恶化。同时，在实际工作过程中，还要求相应的工作人员能够定期检查和监控会计信息系统，定期维护会计信息系统的硬件设备，以保障会计信息系统能够高效稳定的运行，以有效消除潜在的安全隐患，增强会计信息系统的安全性和稳定性，提高企业财务管理的质量。

（四）完善会计软件，构建管理体系

在会计信息化的形势下，为了加强企业财务管理工作，要求企业能够不断完善会计软件，且能够结合企业的实际发展状况，构建相应的信息化管理体系，让企业财务管理工作能够更加适应时代发展需求。因而在企业财务管理工作开展的过程当中，应从技术层面入手，不断优化和完善企业财务管理的技术，以满足企业财务信息化管理的各方面需求。

在现阶段的企业财务管理工作开展的过程当中，要求企业能够引进大量的专业人才。在加强企业财务管理的同时，能够结合时代发展特征不断提高其相关人员的计算机技术，使其能够自主开发企业财务管理软件。这就要求企业在引进先进财务软件的同时，能够加

强与财务软件研发企业的联系，以此开发企业的专属财务管理软件，保障企业财务管理工作高效地开展，最大限度地促进企业财务管理会计信息化发展。这就要求企业的相关人员能够结合软件的使用性能，以不断优化企业财务管理体系，将企业的经营工作流程与互联网相联系，以实现企业财务管理的自动化操作，全面加强企业财务信息的收集和处理工作，以此实现企业财务管理的目标，为企业的经营发展提供科学的数据信息，使企业的财务管理工作能够更加全面高效地进行。

总之，科学技术的不断发展，对企业财务管理工作提出了更高的要求。在实际的工作环节中，借助信息技术，能够在传统的企业财务管理基础上，全面加强数据信息的收集与处理工作，为企业的经营发展提供科学的理论依据和保障。这就要求相应的企业能够充分意识到会计信息化给企业财务管理工作带来的积极影响，加快企业财务管理体系的升级和创新，科学合理地应用信息技术，加快企业财务管理的改革和转型，在提高企业财务管理质量的同时，促进企业的发展。

第三节　会计信息化下的财务会计流程优化

现阶段，我国社会经济呈现迅猛发展的趋势，给各个行业都带来了很大的挑战。对于企业发展来讲，财务会计起着核心的影响作用，对企业各项工作的顺利展开都有着非常大的帮助。随着互联网信息技术的发展，传统的财务会计工作流程及内容，已经无法满足企业在现代社会市场中的发展经营需求。企业想要获得更大的经济效益，提高自身的管理效果，就必须要结合信息化时代的发展需求，对传统的财务会计流程进行优化和改进，从而走上可持续发展的道路。本节中对财务会计流程做了基本介绍，并且分析了传统财务会计流程中存在的问题，然后基于会计信息化环境下对财务会计流程的优化策略展开了研究。

一直以来，财务会计信息都是企业经营管理的重要依据。我国的财务会计在当下呈现飞速发展的趋势。信息时代的来临，使得企业想要获得更高的经济效益，就必须要结合各种新型的技术，对传统的财务会计流程进行优化。众所周知，对于任何企业来讲，财务会计都决定着企业的经济效益。作为一项系统性较强的工作，在展开财务会计的过程中，务必要保证各项数据信息的真实性、及时性准确性和完整性。社会的高速发展，使得财务会计工作也朝着信息化的方向发展。因此，必须要对会计信息化下财务会计流程的优化展开研究，这样才能为企业的发展提供保障。

一、财务会计流程的基本认识

任何企业的发展和经营，都离不开财务会计工作。我国企业行业组成的丰富性，使得财务会计的流程也与企业自身的经营方向有着一定的关联。在各个不同的企业当中，财务会计的流程存在着一定的差异。企业在经营管理的过程中，主要包含三大流程，即业务流程、财务会计流程，以及管理流程。这三者之间密切相关，互相影响和约束。财务会计作为企业展开管理的重要依据，在企业的整体发展过程中占据着一定的核心地位，对企业的经济效益有着非常重要的影响。作为企业的核心部门，财务会计通过对业务流程所产生的各项数据信息内容进行收集和加工处理，从而将这些信息提供给管理部门，为企业的生产经营管理提供可靠的依据。由此可见，企业当中，财务会计是有效连接企业业务流程和管理流程的重要桥梁。

财务会计的具体流程如下：根据企业日常生产经营活动过程当中所发生的各项业务和费用往来生成的各种原始凭证为依据填写会计凭证，并将这些进行分类编制成会计账簿生成会计报表。在财务会计的基础上，企业能够及时了解每个阶段的经营发展状况，从而为企业优化各项工作提供可靠的保障，推动企业的可持续发展。

二、我国传统财务会计流程当中存在的问题分析

（一）各个会计流程阶段之间缺乏有效的联系

我国的财务会计流程，从最初的手工记账，逐渐转化为半手工记账的方式。在此发展过程中，相关的会计人员都按照严格的记账顺序来完成企业的账务资料。这种传统的财务会计流程，看似为企业提高了工作效率，但是，各个会计账务处理环节都单独存在，无法有效地使各个会计流程阶段之间的联系更加密切，不能为人们及时提供相应的会计信息资料，这样一来，便阻碍了我国财务会计的更好发展。

（二）无法更加准确地体现企业的经营管理状况

调查研究发现，我国的传统财务会计流程，虽然可以为企业相关业务的展开提供有关的账务信息内容，但是，其所提供的信息内容存在局限，使得企业自身无法有效地借助这部分信息内容，来实现对企业自身经营发展状况的预测和管理，对企业自身的发展造成了影响。另外，由于传统财务会计工作所包含的信息内容不够完善，不能为企业的经营管理状况提供可靠的信息依据。

（三）财务会计相关数据信息无法及时更新

财务人员在展开财务会计的各项流程过程当中，主要是根据不同业务的发生，来进行相关的账务信息登记和核算管理。这些业务之间彼此分离，企业要对整个会计期间的财务数据信息进行收集整理，一般只有等到该会计期间的业务发生之后，才能获得完整的数据内容。但是，财务会计对及时性的要求较高，这种传统的财务会计核算管理方式，无法及时有效地对数据信息进行更新，为企业后期所提供的数据信息已经失去了原有的实效性，

使得信息的滞后性比较强。这样一来，企业想要实时地获取自身的发展经营状况，受到了传统财务会计计算流程的严重影响。在这种情况下，倘若企业进行各种决策管理使用了这些财务数据信息，有可能会给企业的决策造成严重的误导，从而带来各种无法预测的巨大经济损失。

（四）财务会计信息之间联系不足

由于传统财务会计中的各项会计业务核算，都是单独存在并单独完成的，因此这些会计核算信息之间的关联性并不强。这种财务会计核算工作，并不能明显地反映出业务信息之间存在的有效联系，信息的传递失去了一定的价值，无法为企业的发展提供可靠的依据。

三、基于会计信息化财务会计流程的优化策略探讨

现代社会经济主体之间的竞争力十分激烈，财务会计作为企业发展的重要依据，想要提高企业自身的竞争力，给企业带来更大的经济效益，就应当提高财务会计的工作效率，使其能够发挥自身价值为企业提供更加高效的信息内容。信息化技术的发展，对财务会计提出了更高的要求，只有结合信息化技术，对其进行有效的应用，优化财务会计的流程，才能实现企业的更好发展。

（一）制订财务数据统一标准，促进彼此之间的有效关联

在现代社会当中，信息技术发展的广泛应用，能够为人们在各个方面提供一定的便利。对于企业来讲，财务会计工作当中所包含的内容十分复杂，人们想要更好地实现财务会计工作的信息化管理，就应当结合信息技术，为财务数据制订统一的数据标准，使财务会计的各个流程及数据核算之间的联系更加密切。该环节务必要保证所输入的数据信息内容的真实性和有效性，在一定标准的基础上，实现对财务数据的科学性和规范性管理。同时，还必须要确保财务会计输出各种凭证及账簿、账表信息的准确性与科学性，更好地借助信息化技术为企业的各个经营管理部门实现数据信息共享，使财务数据信息的使用范围更加广泛，使用效率更高。除此之外，也更好地为各项财务数据资料的保存提供保障。

（二）对财务会计核算流程进行简化

传统的财务会计核算流程比较复杂，各种核算项目都必须人工操作才能完成。这种复杂的核算流程，同时也增多了数据核算失误。在信息技术的支持下，可以借助信息技术功能将财务会计以及相关业务之间进行有效的联系，使财务会计能够直接性地获得企业业务发生所产生的数据信息。这样一来，不仅节省了人工成本，提高了企业财务会计核算的工作效率，也能减少和避免人为所产生的各项误差，有效地保证企业财务会计各项数据信息的准确性。当企业在生产经营过程中发生业务的时候，业务部门经过确认和核对之后，确

保数据信息无误，便可以将其上传到数据库当中，为企业的财务管理部门提供准确及时高效的数据信息，在财务软件的基础上，对这些数据信息进行专业的处理，从而生成相应的财务账表。该流程十分简单，极大地缩短了企业处理财务会计工作的各项成本，为企业在现代社会中的更好发展创造了可能性。

（三）促进企业各种信息之间的密切联系，实现实时控制

传统的财务会计工作中，各项数据信息之间的联系不足，使企业无法更好地控制和管理自身。因此，在会计信息化环境下，要确保各项数据信息之间的关联，最初对数据信息进行录入的时候，设定好数据之间的逻辑关系，相关的财务工作人员，要对这些数据信息进行有效的控制。财务会计工作中，会计人员不仅要对这些数据信息进行处理和核算，还要掌握这些数据信息的来源，以及企业自身在经营活动过程中的发展状况。当企业中发生各种经济业务的时候，对于经济业务发生的准确性，财务会计人员可以凭借自身的经验及专业技能，对该经济业务进行有效的判断。在此基础上，便能够为企业的可持续发展提供更加准确的决策依据，为企业的更好发展带来安全可靠的保障。

（四）提高对财务管理软件的应用效率

随着互联网技术的发展及广泛的应用，在信息技术的支持下，人们加大了对各种技术的研究力度，为各个行业都带来了非常大的便利。财务管理软件在信息技术的发展下，也得到了很大的改善和提升。企业应当提高对各种财务管理软件的应用效率，有效地借助这些财务软件，实施各项经营活动，实现对业务的判断和控制，避免各种财务风险的出现。比如，对企业中存在的各项往来账款账务信息，可以设定功能提醒，设定明确的责任人，对这些应收应付款项进行统计，提高企业的账务处理效率，减少各项坏账损失的状况发生。

综上所述，财务会计对企业自身的经营管理有着至关重要的影响，作为企业发展的核心工作，财务会计的工作流程对其工作效率和工作质量有着一定的决定性。在我国传统的财务会计流程下，企业无法对经营管理全过程的各项数据信息进行有效的掌握，随着现代社会的发展，企业想要提高自身的影响力，就要结合新时代和新科技，对财务会计流程进行优化。在会计信息化环境下，企业的财务会计流程得到了有效的简化，可以为企业展开各项业务的管理做好全面的准备，同时也为企业制订决策提供了准确的数据依据。

第四节　财务会计和管理会计信息化融合

随着科技的进步、信息化手段的更新迭代及大数据治理理念的提出，企业的经营管理活动呈现出了更多的形式及方法，以往限于数据精度、深度、难度的问题得到了有效的解

决，人们逐渐从烦琐的基础工作领域解放，开始有了更多时间、工具去思考数据背后的"真相"并加以利用。财务信息管理是企业经营管理非常关键的一部分，企业财务信息管理的好坏对企业最基本的经营管理效果的好坏影响深远。以往财务会计的工作主要是以核算为主，但是这种模式已经不能适应现代企业发展的需求。因此必须对传统的财务会计信息工作进行管理与创新改革。相比传统的财务会计管理工作，管理会计是一种从企业战略发展的层面对企业财务信息进行深度处理、分析，能为企业经营管理和战略发展提供更多决策依据的财务手段。

一、企业中管理和财务会计的差异及联系

（一）管理和财务会计之间的差异

管理和财务会计之间存在较大差异，具体表现在以下几个方面：一是作用上的差异。后者是对企业生产经营状况进行核算并以可计量的形式进行反馈，而前者是在后者的基础上进行加工、提炼、分析，实现财务信息的深度利用。两者之间的职能差异，在一定程度上导致了作用的差异。二是原则上的区别，前者是企业内部管控，其更多是基于企业内部要求及制度规范；而后者需要严格遵循国家要求。三是方法上的区别，前者无固定模式，企业的生产经营活动在运行的过程中具有较高的灵活性；后者有严格的运行过程，不可随意变动。四是对工作人员的素质要求，前者对工作人员的要求更高，要求工作人员对企业内外部环境有一定程度的认知，并且具有较强的分析联系能力；后者着重于对制度、规范的熟悉程度。

（二）管理和财务会计之间的联系

从前文中我们得知两者之间具有较大的差异，并且有着独立的职能。但是两者之间也存在密切的关系，互相联系不可分割。在功能上，两者的根本目的都在于提升企业的经济效益，功能上的联系主要表现于此；在核算对象上，两者大体上都是以企业运营过程中产生的收支结算为主要对象进行核算，管理会计着重于在收支的基础上进行管控；财务管理是在收支的基础上计算企业的盈利和亏损；在信息来源上，两者都需要对企业日常经营管理过程中的初始信息进行处理运算。

二、财务会计和管理会计融合的重要性

财务会计与管理会计的融合有助于企业内部长久稳定发展。企业单纯依靠财务会计所反馈的情况无法准确反映出真实的运营情况，如果不能利用管理会计来正确科学地分析公司的财务会计，那么企业在通往持续发展的路上就缺少导向标。二者融合，不但可以清晰地反馈出企业发展方向，而且能够开拓财务会计与管理会计人员的眼界，进而给公司财务

工作营造出良好的氛围，培养会计人员全面发展的理念，给企业制订准确的发展方向，进一步提高企业内部管理效率。财务会计与管理会计的融合还可以有效地分析公司产品的具体盈亏情况，经过分析盈利情况，对公司产品市场分布结构、生产工艺流程进行优化，全面推进公司财务可持续发展，提高企业的核心竞争力。

三、财务会计与管理会计融合的基础

（一）树立融合意识，细化基础工作

一是企业管理者要提高对会计融合的重视程度，提升管理会计在企业决策中的作用，使企业管理层面的信息得以有效利用，从而有效实现其调控目标。二是基础数据的收集工作有待加强，采用科学有效的方法，做好基础数据收集的工作。基础数据收集工作的完善，为二者的融合提供了强有力的支撑。三是会计基础工作有待强化，企业需要优化财务资料的整合，从而为二者的融合提供基础。四是信息技术的合理利用、科技水平的提高，使得在会计行业的工作过程中，信息技术发挥了巨大的作用。借助数据管理系统，利用信息技术对企业信息进行归档整理，使二者得以协调有效合作。

（二）建立完善的会计制度

企业要根据公司的实际发展情况，建立完善的会计制度。传统的财务管理模式更突出核算职能，这已经不能顺应企业管理升级的需要。企业要逐步转变财务管理的职能，从重核算转变为重管理、重分析、管业务，逐步建立业务内嵌财务的管理制度与流程，利用财务会计与管理会计的融合实现对企业财务的良好管理目标，服务企业发展战略。

（三）加强会计人才的培养

第一，培养复合型人才，管理会计不仅要具备娴熟的业务能力，还需要具备较强的管理能力。第二，加强与高等院校之间的联系，从市场及企业的需要来优化会计专业的教学内容，为企业输送更多应用型人才。第三，企业内部培训时，要充分掌握工作人员的知识与技能水平，针对性地展开培训，增强培训工作的应用效果。第四，重视对会计人员的专业培训及综合素质，提高会计人员的职业道德素养，避免出现泄露信息等。

（四）加强信息技术的应用

信息技术的快速发展给财务会计与管理会计的融合带来了有利的条件，大大提高了企业财务管理的工作效率，还把财务会计与管理会计的数据与信息共享提升到更高的层次上。企业建立起信息目录来快速处理及分解各种信息，设计出数据库及管理系统模块，尽快整合起财务会计与管理会计融合的信息系统资源，直接与企业资源规划系统对接，有利于企业各部门及时获得财务状况及业绩。企业要加强对计算机技术的应用，设置局域网，充分

应用网络在线数据采集及通信技术，以有效地收集传递财务会计与管理会计的原始信息数据，确保数据信息的真实全面性。另外，管理人员还可以根据企业具体情况设置有关财务信息的权限。

在现在计算机网络迅速发展的情况下，借助于计算机信息技术就会使会计的管理职能得到充分应用，从发展的趋势来看，财务会计与管理会计将会是会计工作中不可取代的一部分。当然，财务会计与管理会计融合并不是一蹴而就的，企业应该加强对其融合的路径探究，及时改善其中出现的问题，从而最大限度地为企业生产经营管理进行服务。

第五节　乡镇财务会计信息化应用探究

随着计算机技术的蓬勃发展，我国现有的会计信息处理方式出现了翻天覆地的变化，若是在此背景下再采用传统的会计处理方式，其工作效率自然难以保证。本节就乡镇财务会计信息化应用进行了以下探讨。

不管是何种性质的单位和企业，会计工作都是不可或缺的。会计工作不仅能够掌握单位内部所有的财务信息，还能对其内部的财务核算起到有效的监督作用，能有效打击单位内部的贪污腐败现象，提高工作的效率和质量。

一、乡镇财务会计信息化的内在特征及发展现状分析

财务会计信息化主要借助于计算机技术，在网络通信的现代化技术手段的辅助下，将其与乡镇财务的经营管理有机地结合在一起，因此其具有普遍性、动态性和集成性的特点。

近年来乡镇财务会计信息化发展迅猛，这与外界的社会环境具有紧密联系。现如今几乎所有的乡镇都能够满足财务会计信息化的工作条件，工作人员的信息化知识在不断加强，人员结构逐渐趋于完善，这给乡镇财务会计信息化创造了良好的发展条件。但是在发展过程中因为外部因素的影响，依旧暴露出了不少的问题，这些都将成为我们今后工作的重点和难点。

二、信息化对乡镇财务会计工作所带来的影响

（一）积极影响

首先在当前信息化背景下推动财务会计信息化的应用管理能够有效提高工作人员的工作效率和工作质量，这给会计工作的发展带来推动作用。在过去会计人员多是依靠人工的形式来对相关数据进行核算汇总，这不仅耗费了大量的人力和物力，其精准程度也难以确

保，常常出现错算和漏算的情况。随着计算机技术的不断应用，信息化的财务管理系统开始被应用到会计工作中去，基本实现了网络化计算。这不仅能够确保财务数据的准确性和计算的高效性，也极大地降低了会计人员的工作压力，提高了工作效率。对乡镇单位来说，其能够为相关工作的开展提供准确的数据参考，避免出现专项资金挪用、盗用的现象。其次会计信息化的不断应用能够有效降低会计工作的办公成本，在传统的财务管理中，其中的数据都需要进行反复核查，这就不可避免地消耗了大量的办公用品，而会计信息化的应用则有效地解决了这样的问题。

（二）风险和挑战

当前信息化的时代背景对财务工作者的综合素质提出了更为严苛的要求，尤其是对乡镇基层工作部门来说。首先，当前的绝大多数的数据核算都是由会计系统来操作完成，这就要求工作人员在掌握扎实的会计知识的同时，还要熟练操作计算机设备，要对会计信息化系统有一定的应用能力。此外乡镇部门的财务工作人员要对整个单位的运作有一个清晰的认识，根据其具体的特性，分清其与普通企业在会计工作方面的重点和难点。其次，信息化的时代背景虽然能够提高工作效率，但是其在数据安全方面却存在着极大的安全隐患，这与网络环境的不稳定性有着紧密联系。若是负责储存数据的电脑遭到黑客的入侵，很容易造成重要数据的泄露和丢失。另外，有个别工作人员也常常为了一己私利做出买卖信息的事情，必然会给工作的后期进展带来一定的难度。

三、乡镇财务会计信息化的改进举措

（一）健全和落实乡镇财务内部的相关制度

完善好相关的制度准则是确保乡镇财务会计信息化的重要保证，只有确定统一规范的工作制度才能确保会计工作的正常运行。在工作中相关的管理人员要制定完善的数据保密制度，加强信息数据的安全性，以防他人随意更改和蓄意破坏。还要根据操作人员的工作内容制定相应的管理制度，提高工作人员的安全意识。此外我们不仅应完善好当前现有的工作制度，也应该根据工作内容的具体变动有针对性地进行调整和完善。要明确财务工作人员的责任归属，对他们的工作进行监督管理。还要制定好相关的风险防控措施，以便在发生突发状况时能够及时地加以应对。

（二）培养专业的高素质人才，加强财务工作者的职业培训

当前乡镇财务在发展会计信息化的过程中普遍存在着人才不足的问题，原有的财务工作者其实际能力难以满足现有的工作需求，因此乡镇财务要想发展会计信息化就应该大力培养专业的高素质人才，使其既掌握扎实的理论知识又能够熟练操作各种办公软件。

此外在完成既定工作的前提下，乡镇财务部门还应加强对财务人员的职业培训，结合

工作的具体特性确定相关的培训内容，引导工作人员积极认真地学习相关的会计法规，以此来提高他们的工作能力。在工作之余还应该让他们学会计算机操作技能，掌握基本的会计工作方式，以此来适应会计信息化系统的应用。乡镇财务管理部门不同于一般的企业，其对财务工作者的职业道德提出了更高的要求，因此在培训过程中也应该向财务工作者渗透这方面的工作意识，培养他们的责任感。

（三）提高对会计工作的重视程度

在信息化背景下要想推动乡镇财务会计信息化的深入发展，必须加强对该部分工作的重视程度，认识到其对乡镇发展的意义。对于乡镇财务部门来说，会计工作不仅仅是对相关数据进行简单的汇总运算，其能够为乡镇工作的开展提供准确的数据参考，对居民的生产生活具有重要意义。当下乡镇财务会计工作者应该认识到这部分工作的重要性，要根据时代发展的趋势不断提高自身的综合素质，明确其对未来的发展规划。此外要充分发挥会计工作的监督作用，加强与各部门之间的交流与沟通，推动乡镇的和谐发展。

在当前信息化的时代背景下，传统的财务管理模式受到了不小的冲击，会计信息化成为未来会计工作的发展趋势，因此我们更应该灵活把握其给会计工作带来的发展机遇。

第六节　财务共享服务的管理会计信息化

随着科学技术的不断发展，我们进入了会计云计算时代，各种信息技术的推动，给财务工作的改革带来了机遇。当前财务共享服务中心成为企业集中管理财务的最新应用，是当前会计信息化技术发展取得的重大成果。本节主要对财务共享与管理会计信息化进行了有效探究，希望能将二者有效地结合，从而推动管理会计信息化的建设，为我国会计信息化的建设带来积极帮助。

当前我们处于一个人工智能时代，大数据、移动互联网和会计云计算这些互联网技术都推动着时代的进步。它们不仅影响着我们的生活，也将给会计产业带来一次革命性的突破。财务共享服务中心的建设符合时代的需求，也是企业会计信息化建设的必然要求。因为财务共享的应用可以使企业的财务工作变得更加高效，能够为企业带来更多的效益。随着时代的发展和变迁，财务工作逐渐向管理会计转型，这需要引起我们的重视。将财务共享引入管理会计信息化当中，既可以推动管理会计的发展，也可以推进会计领域数字化、信息化的建设。所以加强会计共享与管理会计信息化的建设是符合企业自身要求的。

一、关于财务共享服务的概念

当前我们所共同认识的财务共享服务是指通过一系列及时准确梳理企业的业务流程体系，把企业财务管理中重要的工作全部集中起来，然后通过相关的应用纳入共同服务的板块当中。这其实是一种关于信息传递模式的流程改变。

当前我们处于信息化的时代，对于工作效率的要求是非常高的，所以企业的内部管理工作也要进行及时的改革和优化。相关的企业一定要对会计管理方面存在的问题及时调整。通过利用先进的计算机技术，推动现代会计管理的进步，从而实现企业的利润最大化。财务共享服务中心就是企业集中管理模式下对会计信息化进行运用，通过这一种模式可以有效解决公司财务建设中所投入的重复工作和资金，弥补效率低下的不足。企业还可以借助财务共享中心，使自身企业的财务数据能够更好地被有效利用起来，为公司的财务工作更好地服务，推动公司的健康发展。

二、关于管理会计信息化的相关含义

管理会计是源于传统会计的一个分支，它既与传统会计有紧密的联系，又与传统会计有着非常明显的区别。管理会计主要是通过对企业历史数据的有效分析，帮助企业在投资经营过程中取得更加明智的决定，从而提高企业的经营效益。而传统的财务会计主要是对已经发生的经济业务进行汇总和报告，所以管理会计主要是通过对历史数据的分析和业绩的有效评价，建立一个可以评估预测的模型，从而为将来的经济事项进行预测，为公司的决策提供一个有效的参考依据。管理会计信息化是指通过计算机信息技术的运用，更好地为管理会计服务，能够使管理会计的效率更高效。通过应用大数据互联网等信息技术手段，能够丰富企业的财务数据。

三、目前管理会计信息化建设中存在的一些问题

缺乏专业的管理会计信息化建设人才。当前会计信息化的人才严重缺乏，这制约了管理会计信息化的有效发展。虽然我国的信息化技术取得了突飞猛进的进步，但是，我国大多数会计人员还停留在旧的操作水平下，缺乏对信息化的实际操作和理论认识。尤其是随着大数据分析、云计算等信息化技术的运用，对于信息化专业技术的要求越来越高，更多的会计人员都达不到会计信息化的使用要求。当前大部分的会计工作人员知识层面和工作技能都比较单一，难以满足信息化技术人才要求。

会计信息化的基础较为薄弱。由于我国会计信息化建设较晚，而且国内的大多数企业对于信息化技术的认识不足，这些企业较少将大量资金投入到先进技术和会计业务的整合中去，他们更喜欢通过购买一些简便的新设备和技术工具实现基础的会计信息化工作，而

没有投入更多的软件和工作流程设计。这就使得很多企业的信息化建设流于表面，无法达到预定的效果和目的。

企业内部对控制机构的建设不完善。管理会计信息化建设工作对于会计的工作内容和形式都有一些改变。我们所知道的会计工作已经被自动化和智能化覆盖，但是由于一些企业的工作模式和相关的规章制度还没有与时俱进，这就导致企业内部控制机制的缺失，阻碍了企业管理会计信息化建设的发展。而且大多数会计人员习惯了传统的会计工作模式，在完成工作转型时也难免会出现诸多问题，这都导致了管理会计工作进展得不理想。

四、将财务共享服务与管理会计信息化进行有效结合的积极方法

主动利用大数据云计算等信息化技术。近年来，日益成熟的会计云计算互联网技术给我们带来了诸多的方便，全世界都处于一种技术变革核心性理念诞生的时代，所以企业应该与时俱进，主动利用大数据、云计算为财务共享服务与管理会计信息化的建设奠定基础。比如，企业可以在企业内部借助大数据平台，搭建多元化的交流平台和办公平台，实现共享计算能力与人力资源的整合，从而催发企业内部的信息化改革和进步。

积极鼓励企业员工参与到管理会计信息化的建设中来。企业的员工才是企业生产的推动力，他们起着基础作用，所以应该积极鼓励企业的员工参与到管理会计信息化的建设中来。首先要培养员工参与管理会计信息化的意识，要定期为他们开设管理会计信息化建设的讲座，要在他们脑海中树立起正确的管理会计信息化意识。其次就是一定要通过奖励机制鼓励企业的员工参与管理会计信息化的建设，要鼓励员工参与相关的培训，努力提高自己会计信息化的技能。最后就是整合企业的所有资源，为管理会计信息化的建设提供更多的便利，从而促进企业管理会计信息化建设的顺利开展。

加强会计信息化安全保护措施。信息化时代对于互联网平台财务共享，一定要提高安全意识，既要确保财务共享平台的高效运转，也要保证共享平台数据操作的安全性。比如，可以加强操作端口的权限管理，对相关的文件进行加密，对相关的软件进行全天候的监督，防止重要的数据泄露；可以建立更加全员化的网络安全责任制，对于企业内部员工因为个人操作失误引起的数据丢失，要严格追责，强化员工的安全意识。

在信息化时代，加强企业财务管理信息化的建设十分有必要。这既需要企业提高自己的认识又需要为企业员工树立一个标准，从而有效推动管理会计信息化的建设，实现企业利润最大化的目标。

第七节　中小企业财务会计信息化建设发展

财务会计信息化是指利用现代信息技术、计算机技术、网络技术、通信技术等，实行财务核算、分析、控制、决策和监督等功能，从而进一步实现管理数字化，并最终实现会计信息化。除此之外，财务会计信息化是中小企业会计信息化的重要内容，企业必须具备高效的财务管理运作机制和先进技术手段，从而不断提高财务水平，加快发展步伐，在激烈的市场竞争中求得发展。

作为中小企业发展过程中的重要内容，只有对财务会计信息化水平进行提升，才能具备核心竞争力，使中小企业向大型企业的方向迈进。借助信息化手段能够对会计信息等相关资源进行获取、加工、传输与运用，从而为中小企业的发展提供必要的支持。总而言之，在现实情况下，财务会计信息化在中小企业中发挥的作用越来越多，而究竟该如何加强财务会计信息化建设呢？

一、企业财务会计信息化概述

中小企业财务会计信息化在现实情况中具有相对稳定的特点。具体地说，随着国内外经济的发展，我国无论是宏观经济体制还是中小企业的具体经营方式，都发生了一定程度的变化，这也促使人们对各方面问题的认识，开始逐渐地发展、深化，在这样的情况下，中小企业财务会计信息化，往往也会发生变化。但是，无论是宏观经济体制还是中小企业经营方式，其具体的变化往往都呈现着渐进的趋势，也就是说，二者只有真正发展到了一定阶段，才有可能发生本质的变化。而对于人们的认识而言，其在达到一个新的高度以后，也需要有一个达成共识的过程，才能够为大众所普遍接受。因此，笔者认为，中小企业财务会计信息化自身是一种人们对客观规律性的概括，因此，其在一定程度上具备稳定性。

对于中小企业财务会计信息化来说，其在一定程度上还具有层次性的特征。中小企业财务会计信息化，往往是中小企业进行整体财务会计信息化过程中的基础条件之一，同时，其本身也构成了一个系统，系统只有顺利地运行，才能够完善整体中小企业的结构关系。在这样的情况下，各种各样的理财，完全构成了一个网络，而这个网络，也基本能够对各个之间的内在联系进行反映。中小企业财务会计信息化之所以存在层次性，主要就是因为中小企业财务会计信息化的内容和方法存在着多样性，此外，它们的相互关系也存在着具体的层次性。

二、企业财务会计信息化建设的意义

对于财务会计信息化的建设来说，其主要作用是通过计算机终端进行控制，对信息进行收集、传递、审计，在保存信息的基础上对其进行加工。建设财务会计信息化能够加强对信息进行处理的效率，对数据进行计算，让中小企业实现市场的全面掌控，促进中小企业发展。

在竞争激烈的市场环境下，对于很多中小企业来说，信息交流处理都是十分重要的工作。加强中小企业财务会计信息化的建设，能够较好地提高财务会计人员的工作覆盖率，为财务会计人员"减压"。

三、中小企业财务会计信息化建设发展措施

（一）预备工作的实施

在中小企业财务会计信息化建设发展措施方面，领导必须要合理地对预备工作进行实施，具体的过程中，需要对工作人员进行组织，之后根据财务会计信息化的基本情况，得出成本方案，如果成本出现了超出的情况，那么中小企业的发展就会受到影响，会计信息化建设的实际意义也会被削减。所以相关人员必须要细致地对成本问题进行具体的考虑，由于会计信息化建设包含着多个步骤，包括硬件软件等等，所以这些费用都应该被细致的分析。在此基础上，中小企业领导者还需要适当地加强与信息系统咨询公司的联系，这一目的在于对财务会计信息化进行有备无患的建设。

中小企业有必要对现有的领导制度进行完善，之所以如此，主要是因为对财务会计信息化的建设来说，在初期并不能够迅速地给中小企业带来效益，所以，决策者必须对未来的相关计划进行制订，树立长远发展的意识，这样有利于财务会计信息化项目计划合理实施，也能够间接对财务会计信息化建设的水平进行提升。

工作人员是财务会计信息化建设的主要操作者，一旦出现抵触心理，就会大大影响其效果。所以在预备工作中，领导要加强意识，积极对财务会计信息化有工作关联的工作人员进行培训，同时，对其工作思路进行转变，促进财务会计信息化的合理建设。

除此之外，相关人员还需要对资源进行整合，从而对运营管理成本进行监督。为了更好地提高中小企业财务会计信息化建设的效果，在今后的发展中领导必须要加大对财务会计相关资源的整合力度，同时有效地借助第三方服务商，为中小企业自身的信息化建设提供助力。通过这种方式，能够有效地对中小企业资源成本进行降低，对不必要的环节进行删减，对资源整合进行优化，促进中小企业更好地实现信息化转型发展。

（二）建立完善的财务会计信息化的监督管理体系

建议我国中小企业必须要加强管理，建立完善的财务会计信息化的监督管理体系。从财务管理的角度来说，其主要就是对财务会计核算的结果所提供的信息，进行进一步的深入分析、加工，对于财务管理信息而言，其可以直接支持中小企业经营管理层搞好经营决策，最终实现效益最优化。因此，管理型的财务会计信息化应用，必须要对以核算型为基础的财务会计信息进行更高层次的分析、运用。具体地说，我国中小企业应该针对财务会计核算软件应用的规范建立相关的管理部门，优化信息化管理。除此之外，财务会计信息化工作的开展，也必须要拥有一批高水平的人才对其进行监督，另外，各种计算机设备、大量的资金也是必须要具备的条件，在这一问题上，没有领导对其进行支持，那么就不能够具备这些条件，从而使财务会计信息化的应用成为纸上谈兵。因此，相关中小企业领导在现实情况中必须要强化思想、深化理论，从而促进中小企业财务会计信息化发展。

（三）财务会计信息化的项目计划设定及开发

从财务会计信息化项目计划的设定及开发角度来看，其主要任务落在了技术人员身上。技术人员必须要持续地记录相关企业数据，将中小企业的所有数据都进行整理归纳、筛选，融入信息化平台之中。另外，中小企业技术人员还必须要对中小企业内部资料进行细致查阅，避免数据录入出现错误。

在对会计信息化系统进行开发的过程中，相关人员需要保证项目的可行性，避免开发因不具备可行性而中途停止，浪费资源与成本。在此之后，相关人士还需要对目前存在的问题进行解决，每发现一个问题，都相当于使财务会计信息化管理系统更完善了一些，无论是哪一个细节，都应该进行考虑。

最后，上到中小企业的领导班子，下到具体的技术人员，都应该对财务会计信息化管理系统的细节进行检查，如果在这一阶段的工作中没有发现问题，那么财务会计信息化就可以融入中小企业中；如果发现问题，就必须要推翻重做。另外，在测试环节，相关人员必须要注意对系统设备进行检测，一旦发现设备存在问题，必须要及时地进行更换、维护。

（四）保证信息安全

在加强财务会计信息化建设的基础上，领导还必须要加强对财务会计人员的培训，主要方向就是培养他们的财务会计信息化安全意识，提升他们对财务会计信息化系统的掌握能力，同时在观念上也要对其进行改进，从而保证其能够在合理的情况下切实保护好财务会计信息系统的机密。只有如此，财务会计信息化才能够真正地得到建设。

具体地说，对中小企业自身会计信息化建设过程中的安全性进行保证十分重要。为了能够让中小企业持续地提升财务会计信息化建设水平，让自己在竞争中走得更远，相关部门必须要完善制度政策，通过制度的完善方式，加大对中小企业信息化建设环境安全的保护。其中，必须要对互联网运营信息的安全程度进行提升。除此之外，中小企业自身也要树立信息安全意识，无论是硬件手段还是软件手段，都可以进行利用，从而保护具体的信息安全。只有保证信息安全，对信息建设的安全性进行加强，才能持续地提升中小企业日后的发展水平。

（五）通过信息集成实现资源共享

对于企业财务会计管理工作来说，需要重视信息化系统的信息集成效果。所谓的信息集成，并不是简单的信息共享，而是需要围绕企业的具体运营数据进行管理和改进。这样可以根据业务处理范围从财务会计部门拓展到相关业务部门，并且在处理相关业务的过程中，对接会计核算掌握体系，这样可以产生针对性大数据内容，有效减少财务会计部门的实际核算量，完善当前的监督和核算，进而利用事后分析、事中控制和事前规划的措施来完善相关管理工作。转变为核算型的管理系统，需要关注企业的物力、人力和资产管理的消耗和占用状态，这样可以优化当前的资源配给，并且对接营销、人力资源等等，保障相关信息的及时性和完整性。

综上所述，随着国内外经济的发展，我国无论是宏观经济体制还是中小企业的具体经营方式，都有了一定的变化，这也促使着人们对各方面问题的认识，开始逐渐地发展、深化，在这样的情况下，中小企业财务会计信息化，也可能会发生变化。但是，无论是宏观经济体制还是中小企业经营方式，其具体的变化往往都呈现着渐进的趋势，也就是说，二者只有真正发展到了一定阶段，其才有可能发生本质的变化。而对于人们的认识而言，其在达到一个新的高度以后，也需要有一个达成共识的过程，才能够为大众所普遍接受。我国中小企业应该针对财务会计核算软件应用的规范建立相关的管理部门，优化信息化管理。除此之外，财务会计信息化工作的开展，也必须要拥有一批高水平的人才对其进行监督。

第八章 信息化时代下财务会计工作创新研究

第一节 财务会计档案信息化管理建设

目前医院在会计档案信息化管理建设中，还存在诸多不足，难以充分提升会计档案管理水平，发挥信息化管理体系的优势。基于此，本节深入探究财务会计档案信息化管理建设的意义以及加强建设的策略，以期为促进财务会计档案信息化管理建设提供一定参考。

信息技术近年来快速发展，并深入应用在医院财务档案管理中，对提升医院管理水平、促进医院各项管理工作顺利开展具有重要作用。但是目前我国各大医院财务会计档案管理在实现信息化建设中，还存在诸多不足，难以充分发挥信息技术在财务会计档案管理中的优势和价值。基于此，有必要深入探究财务会计档案信息化管理建设的意义，及时采取有效策略推进管理建设，逐步提升医院财务会计档案信息化管理水平。

一、财务会计档案信息化管理建设的意义

在信息技术高速发展过程中，越来越多的领域开始深入应用信息技术，并在发挥信息技术优势的基础上，促进领域发展。医院在不断的改革与发展中，也积极利用信息技术，建设信息化档案管理体系——前医院档案信息化程度直接影响着医院整体网络化进程。所以，医院财务会计人员需要积极推进档案信息化建设，集中收集并整理各种分散信息，利用大数据技术等对重要、有价值的信息实现精准、高效的提取，为医院发展提供支持服务。虽然医院在建设信息化档案管理体系过程中，需要耗费大量人力、财力和物力，但是该信息化系统可以长期应用，对提高财务会计档案管理效率、提升档案信息利用率具有重要价值。在医院档案管理当中，财务会计档案属于关键组成部分，在医院评估当中属于关键依据。相比其他档案，财务会计信息档案利用价值更高，它主要是对医院各方面财务工作的动态记录，对指导医院日常工作、重大决策的制订等都要重要价值。因此，医院加强会计档案信息化管理，对提升医院管理水平、促进医院健康发展与改革都具有重要意义，需要加快建设。

二、财务会计档案信息化管理建设策略

（一）树立正确的建设理念

医院对财务会计档案进行信息化建设，能够促进医院整体运作效率，在高效处理档案信息的基础上，促进医院后续档案管理工作可以更加顺利、有序地开展。医院各科室工作人员，都要充分认识财务会计档案信息化建设的重要意义，树立正确的建设观念，在日常工作中全力支持相关建设工作。医院管理层需要对财务会计档案开展信息化建设工作给予充分支持，认识到只有积极利用大数据、云计算等现代化信息技术，才能提升财务会计档案管理水平，同步促进医院整体管理水平的提升。在此基础上，要增加资金投入，加快体系建设，做好人员配备和培训，逐步提升医院档案现代化管理水平。

（二）加强基础性软件与硬件设施建设

医院以往都是以照片、纸质形式保存财务会计档案，但是在这些资料文件保存期间，需要加强温控管理，避免发生火灾，需要为档案存储营造良好的环境。但是医院财务会计档案持续增多，档案资料数量越来越大，缺乏充足的档案保存空间，并且一些档案资料在长期保存中字体会逐渐消失或者变浅，不利于后续利用，难以长期保存。因此，医院在对财务会计档案实现信息化管理建设过程中，首先要为档案保存奠定坚实的物质基础，充分购进硬件设备，比如计算机、存储设备、输入系统及图像采集系统等。同时，为了更加安全、有效地保存档案资料，还要购入一些温控设备、湿度控制设备及防火、防盗设备等，如除湿机、空调等。除了硬件设施，还要加强建设软件设施，引进完善的文件检索、文件录入以及文件管理系统等，并配备安全系统，以免软件系统受到黑客入侵。

（三）加快实现档案数字化管理

医院要基于自身实际情况，结合档案数字化工作，制定完善的规范制度，促使档案管理有效提升数字化速度。当前所有财务档案基本上都要通过数字化形式进行存储，而以往纸质化、图片化档案信息，也要加快转录为电子文档形式，保证所有档案全面实现数字化管理，促进档案信息化建设。在档案信息化建设中，可以积极通过网络技术，扫描财务报告、会计凭证及会计账簿等，将其转为电子文档，并将电子档案传输到信息化档案管理系统当中，以提升会计信息档案实际管理效率。

（四）科学地建立信息检索体系

通过管理软件进行档案信息的收集与转化之后，还要借助现代化信息技术，建立科学的检索系统，为档案管理与使用人员，提供多样化的检索方式，并确保检索工具的全覆盖和准确度。在对互联网检索技术实现充分利用的基础上，各个科室及档案管理部门，可以

更加高效、顺畅地通过互联网管理和调用财务会计档案，有效实现档案资源共享，发挥财务档案最大作用。

（五）对档案管理人员做好信息化培训工作

医院财务会计档案在实际管理过程中，相关工作人员不仅要扎实地掌握档案管理专业化知识，还要掌握一定财务管理相关理论。同时，为了高效推进财务档案信息化建设，还要求相关管理人员对多种数字化设备实现熟练操作，对多种现代化技术能够灵活运用，以更快地适应信息化档案管理工作，提升档案管理成效。医院在日常管理中，需要着重对档案信息建设相关人员加强培训，并对此类岗位人员提高招聘门槛，对档案管理工作者做好业务培训工作，制定系统化培训制度，不断更新自身管理知识和信息操作能力，引进现代化档案管理理念，提升档案信息管理水平。在档案管理工作者逐步提升职业素质和专业技能基础上，要配合开展研讨会、座谈会等活动，促使档案管理工作者及时学习优秀的工作经验和先进技术，逐步提升自身信息化水平，促进财务会计档案信息化管理质量有效提升。

（六）建立完善的档案信息化管理制度

医院在对财务会计档案实现信息化管理的过程中，一个关键内容就是要保证管理系统具备充足的安全性，在确保档案资料充分安全的基础上，才能更高效地利用档案资源，为医院其他管理工作提供服务支持。比如针对财务会计档案数据库，要制定完善的监控制度；针对重要数据，要制定严格的备份制度；对于财务档案管理，要制定相应的保密制度；对于档案资源的录入，要制定有关存入制度；对于财务档案相关管理人员，要制定并落实岗位责任制等。为了充分发挥信息化管理体系在财务会计档案管理当中的重要作用，财务管理人员需要从多个方面入手，构建系统化档案信息化建设及管理制度，配备完善的奖惩机制，推行责任终身制，促进财务会计档案信息化管理建设。在相关制度建设基础上，要进一步推进信息化档案管理体系建设，保障财务档案管理的完整性和安全性，进一步推进信息化管理系统建设。在信息化档案体系建设过程中，需要深入探究多方面问题，包括存储条件标准、档案分类标准等。通过信息化档案体系建设，促使档案管理工作有序、高效地开展。

（七）对动态数据信息加强整理和挖掘

医院财务会计档案实现信息化建设期间，需要合理优化资源配置，并对动态数据信息实现动态管理和深入挖掘。财务档案管理中，财务档案室属于数据采集源，在数字化信息数据存储、查询、传递、检索及管理中，属于重要基地。因此，需要合理建立数据库，及时录入并管理数据信息，对隐藏信息进行深度挖掘，充分提升数据库资源的完备性。

财务会计档案信息化管理建设，能够有效提升档案管理效率，提升档案信息利用率，充分发挥档案资源价值和作用，促进医院整体管理水平的提升。为了有效促进医院健康可持续发展，需要医院积极采取有效措施，推进信息化财务档案管理建设，对现代化信息技术实现高效、合理的利用，并在管理体系建设中，提高财务档案管理质量和效率。

第二节 会计信息化对企业财务管理的影响

本节通过分析会计信息化对企业财务管理的影响，提出了会计信息化下企业财务管理工作的建议。

当前会计信息化在企业财务管理中应用非常广泛，在提升财务管理水平、防范财务风险等方面发挥着重要作用。在市场竞争日益激烈的今天，企业为在行业竞争中占据有利地位，必须将财务管理工作放在重要位置，加快会计信息化建设步伐，做好监督与管理工作，积极开发更加先进的财务软件，通过创新提升财务管理效果。这样才能推动企业的快速发展，真正将会计信息化应用优势体现出来。

一、会计信息化对企业财务管理的影响分析

（一）对会计信息生成方式的影响

在传统财务管理模式下，会计工作以手工记账为主，人工完成凭证的收集和编制加工。在会计信息化下，可以促使这些工作发生本质上的改变，通过计算机实现自动编制，让会计人员从繁重的工作中摆脱出来，保证获得更高的工作效率。

（二）为企业会计信息传输带来影响

在信息传输时要借助报表实现，会计信息化下可以应用现代化通信技术，让会计信息传输更快、更精准。

（三）对企业财务管理目标的影响

在生成传统财务报表后，可以让管理者获得表面上的财务情况，但分析不够深入，而会计信息化有利于深入分析各类财务报表，便于管理者全面掌握经营情况。

二、会计信息化下企业财务管理工作的建议

（一）转变财务管理观念

在会计信息化背景下，企业应该转变财务管理理念，加强财务风险防控管理工作，保证财务工作水平提升，增强市场竞争力。企业要结合财务管理中出现的问题，组织管理者、

财务部门领导进行研讨会，将财务管理工作制度要求明确下来。要通过对财务制度、会计制度和财务政策等宣传，促使每个员工都提高责任意识，主动适应会计信息化的发展，积极加强新知识的学习，做好各环节财务管理工作，为企业的快速发展开创良好局面。

（二）优化升级企业财务信息系统

企业应该不断完善财务信息系统，提升财务管理工作水平，在会计信息化快速发展的今天，财务系统、财务软件等也在快速更新，需要结合企业实际情况升级财务管理系统，让财务信息存储与管理更加安全。对会计信息化软件与财务信息系统来说，会用到很多先进的信息技术，并在数据处理、存储与核算上发挥出优势。因此，企业财务信息系统发展要考虑到各方面情况，在财务管理信息系统中运用先进技术，保证财务管理工作的效率。在财务管理信息系统中还要做到安全性，在应用权限、身份认证、资料拷贝等方面加强监管，对每个操作人员的身份加以核实。企业还要对数据备份系统进行完善，设置相应的破解密码，防止其他公司恶意攻破。企业只有做好这些措施，才能在会计信息化背景下实现财务管理工作的顺利开展，促使企业经济效益不断提升。

（三）完善企业内部管理与控制模式

1. 在管理内容上企业要注重会计信息的完整性与安全性，在内部管控中形成完善的网络安全管理系统与安全维护系统，同时安排专人负责检查和维护硬件。要将系统使用安全规章明确下来，财务管理人员必须根据其开展工作，重要会计信息要及时拷贝和备份，做好备份管理工作，防止由于设备故障导致企业会计信息出现泄露与丢失的问题。企业要及时安装安全软件，将防火墙与密码设置好，防止计算机被病毒、黑客入侵，为企业会计信息的安全提供可靠保障。

2. 企业要合理调整财务管理工作岗位，将每个财务管理人员的职责确定下来，对各个岗位与工作人员的责任进行明确，让企业员工拥有相应的内部权限，避免发生违规、越权等操作行为。如企业应用会计信息化系统的过程中，要严格区分系统维护人员与操作人员的责任与权力，其中维护人员负责定期检修系统，让系统可以高效运行，操作人员负责财务管理方面的报表制作、数据录入等工作。

3. 企业要不断完善管理机制和监督机制，促使审计部门将智能履行到位，加大对财务管理人员的监管力度，让财务管理工作得到全程监控，防止会计人员为了谋取私利而出现信息造假的现象。

随着会计信息化的发展与应用，在促使企业财务管理效率提升的同时，也引发了很多问题，如部分企业对会计信息化为财务管理工作带来的影响认识不充分，不利于市场竞争力的提升。对此企业要充分认识到会计信息化对财务管理工作的影响，主动出击，采取有效的应对措施，确保将会计信息化优势真正体现出来，为自身的稳定、长远发展打牢基础。

第三节 国际会计合作财务报表分析的信息化

在"一带一路"倡议的大背景下，经济、政治、文化在各国之间广泛交流，深深影响着人们的生产生活。如今中国的经济发展已经同世界接轨，中国经济的好坏直接影响着世界经济的风向。经济越发展，会计越重要。在信息高度共享的信息化时代，会计财务报表分析逐渐取代手工会计核算和分析，向信息化、电子化方向发展，为决策者带来更加精准的分析报告会计。这一经济领域的重大变革在各国经济的发展中起到了桥梁纽带的作用，为全球经济一体化做出了重要贡献。

广西作为"一带一路"倡议开展的合作城市，无论是在"丝绸之路"还是在"丝绸之路海上经济带"的发展中，都处在十分重要的战略地位，具有得天独厚的区位优势，不仅可以依靠自身提供强大的内需动力，还能借助"一带一路"的政策优势发展自身经济。广西也是"一带一路"背景下国际会计合作的主导城市之一，在促进会计合作国际化和会计核算信息化方面起到关键作用。本节将从国际会计合作的背景入手，分析"一带一路"背景下会计核算信息化的现状和具体措施，以财务报表信息化中起到的重要作用为主要分析内容，探索"一带一路"大背景下国际会计的合作之路。

一、国际会计合作现状

国际会计合作是会计趋同的表现形式。会计趋同指的是会计准则逐渐向国际标准靠拢，有着贸易往来关系的各个国家，根据经济活动的实际业务需要，根据本国实际情况做出的会计准则方面的调整，以在国际经济合作中统一会计标准，便于核算和财报。但是，会计趋同并不等同于会计准则大统一。以广西为例，目前使用我国现行的会计准则，在会计信息披露时，要注意会计信息的完整性、真实性和准确性。财务报告的分析内容仍然遵照普遍使用的会计准则，根据资产负债表、现金流量表和利润表所载的内容，通过分析企业资产、负债和现金流量等信息，反映企业运营能力、偿债能力和持续发展的能力。信息化财务报表的处理方式，能够有效地解决手工计算产生的人为误差，更加精确地提供给信息使用者。

二、国际会计合作财务报表信息化的优势

国际会计合作是现代经济发展的必然趋势，广西在会计财报信息化过程中，既要保持原有的会计核算方法精华不被抵消，又要适应新会计准则变化的节奏，找准自身发展定位，蹄疾步稳，顺势而为。

一是国际会计合作有利于"一带一路"会计信息的公开透明。会计信息质量和信息披

露质量是会计信息使用者最为关注的内容之一。广西作为"一带一路"经济带的实施主体，既是会计信息的发布者，又是会计信息的使用者，全面准确的会计准则是对外提供财务报表的重要保障。会计信息质量要求，会计信息必须遵循清晰、完整和可理解性，三者缺一不可，对外提供的财务状况、经营成果和现金流量等风险信息，能够保证信息质量，为决策者决策提供可靠的依据。

二是国际会计合作有利于"一带一路"会计工作的改革和进步。全球化进程不断加速，国际成本管理会计理念和成功方法被大量地实践和应用。信息化的处理方式带来了国外先进的核算方法和核算软件，为处理更加复杂和庞大的会计信息提供了技术支撑。随着国际贸易的不断扩大、国际合作的不断深入，世界经济将走向并轨，新的会计制度和会计准则更有利于会计人才的培养，建立更加完善的会计体制。

三是国际会计合作有利于"一带一路"会计人才的培养。会计趋同的大趋势已成定局，在这样的大环境下，广西高校应当抓住机遇，迎接挑战，主动联系财税部门研讨会计信息化改革方案，同东盟各成员国家展开会计制度的交流研讨，规范财报信息，促进经济文化双丰收。在交流中不断学习、不断进步，取其精华，去其糟粕，给优秀会计人员的成长成才营造良好的环境。

三、"一带一路"广西模式下国际会计合作建议

一是高校助力，培养会计人才。"一带一路"战略实施给会计人员的专业素养和专业技能提出新的要求，广西各大高校和工作在教学一线的会计教育者应当发挥引领作用，建立信息化课堂，加大电子信息技术的资金投入，培养综合素质高，能与国际接轨的高等人才。同时也要掌握英语、历史和相关经济知识，这样才能在国际交往中抢占先机，更胜一筹。

二是政策先行，保障制度落地。财务报表的信息化实施离不开政策的保障。在促进会计制度改革的道路上，政策应当起到保驾护航的作用，结合广西当地实际发展情况，设计安全系数更高的保密措施，购买专业的维护服务，合理的会计教学手段和内容，改变原有会计制度形成的思维定式，给予充分的自由和创新。

"一带一路"倡议背景还将持续影响我国的各行各业，深入到各个领域乃至全国大大小小的城市。财务会计报表信息化的改革，在财务弹性分析中也发挥着重要作用。国际贸易需要企业在面对不同的经济环境时，有更高的适应性，以便抓住投资机会，兑现支付承诺。财务报表信息化的发展之路，还需广西继续扎实推进会计国际趋同，培养会计高素质人才，更好地服务"一带一路"广西模式，服务于高速发展的现代社会。

第四节　行政单位财务会计工作中的信息化

互联网信息技术及现代化财务会计软件的应用推广，有效地提高了行政单位财务会计工作的信息化、现代化及高效化，不仅提高了行政单位财务工作水平以及工作效率，也为充分发挥财务会计工作对提高行政单位审查等工作的开展提供了便利。在行政事业单位的运营及发展过程中，应该积极利用信息技术来提升财务会计工作的整体质量与效率。

财务会计工作是行政事业单位快速发展中的重要内容，科学的财务会计工作，直接关系着行政事业单位的整体发展水平，同时也关系着行政事业单位的运行成效。在信息技术全面快速发展的今天，行政事业单位在运营以及发展过程中，应该充分重视财务会计工作，同时应积极顺应时代发展潮流，充分利用信息技术手段，切实提升财务会计工作的整体信息化程度，不断优化财务会计工作的整体质量。信息技术在行政事业单位会计工作中的运用，使传统的会计管理模式发生了较大的改变，同时也为传统会计管理带来改革的机遇。随着信息技术的发展，行政事业单位将先进的会计管理系统与会计应用软件引进到会计管理中，促进行政事业单位会计工作信息化的发展与完善。一方面，会计工作信息化不仅对会计人员工作具有正面的影响，同时对会计管理的各个部门也影响巨大。另一方面，会计工作信息化能够减轻会计人员的工作量，提升其工作效率，进而能够提升会计人员的工作质量。例如，实现会计工作信息化的构建，会使会计人员在年度报表、结算报表、进出账报表等工作中，不再那么烦琐与忙碌，同时也不必担心会计信息出错的现象发生，进而能够提升会计人员工作的积极性。总之，行政事业单位会计工作信息化的构建，能够在会计管理模式与运行方式中取得较大的进步。

一、行政单位财务会计工作中信息化运用中存在的问题

在行政事业单位的运营及发展过程中，财务会计工作是非常重要的工作。整体优化行政单位的发展成效，全面提升行政单位的发展水平，应该全面做好财务会计工作，不断提升财务会计的信息化程度。现阶段，行政事业单位在财务会计工作实践中，特别是在信息化技术的应用过程中，存在着较为突出的问题，具体表现在以下方面：

（一）缺乏科学系统的内部控制体系

在行政单位财务会计工作的开展实践中，整体优化财务会计的信息化程度，需要依托完善系统的内控管理体系。但现阶段，在行政单位财务会计工作实践中，明显缺乏科学的内部控制体系。一方面，行政单位没有建构完善的内控管理体系，也没有建构科学的内控

组织体系，这就使得内控管理形同虚设，难以真正发挥作用。另一方面，行政单位人员的内控意识不足，特别是在财务会计工作信息化的过程中，缺乏科学的内控认知，致使一些相对错误的会计信息被纳入财务工作信息化中，严重影响了会计信息的质量。此外，在"互联网+"的时代背景下，行政单位在财务会计工作中，特别是在信息技术的利用过程中，涌现出了比较多的问题，更需要行政单位建构完善的内控管理体系。但由于内控管理方面存在天然的不足，在很大程度上制约着行政单位财务会计的信息化建设工作。

（二）行政单位会计人员信息素养有待提升

财务会计工作是行政单位日常工作中的核心内容，在信息技术广泛应用的今天，在行政单位的快速发展过程中，必须注重提升财务会计人员的信息素养，确保他们能够灵活运用各类信息工具和方式，整体提升财务会计工作的成效。但现阶段，行政单位会计人员的信息素养普遍较低。一方面，行政单位的财务会计人员年龄结构偏大，缺乏对信息技术的应用意识，也排斥进行信息技术的应用与学习，这就使得行政单位财务会计工作信息化建设进程放缓。另一方面，行政单位财务会计人员在日常工作中，过分依赖信息技术，致使财务会计工作出现了不同程度的失误和错误。在财务会计工作信息化建设的过程中，信息技术是一种非常重要的手段，它能够帮助财务会计人员提升工作效率，但若过分依赖于信息技术，忽略人为检查或者作业，同样会影响行政单位财务会计的整体开展成效。

（三）行政单位财务会计管理制度存在缺失

在"互联网+"时代环境下，行政单位在快速发展的过程中，不断提升自身的服务能力，必须全面做好财务会计工作，必须加快财务会计信息化的建设进程。现阶段，在行政单位财务会计工作的开展实践中，存在着一定程度的制度缺失和不足。比如在财务会计工作信息化建设过程中，需要行政单位建构完善科学的信息公开机制，以此来保障信息公开与透明。但现阶段，行政单位显然缺乏这方面的意识，也没有构建科学的信息公开机制。

二、行政单位财务会计工作中信息化运用途径

伴随着信息技术的全面快速发展，我们已步入了"互联网+"时代。在社会经济全面快速发展的过程中，行政单位发挥着重要的作用，履行着重要的职责。在行政单位的运营及发展过程中，积极推动财务会计工作的信息化建设进程，直接关系着行政单位的整体发展水平，也关系着行政单位的整体发展成效。

（一）构建完善的内控管理体系

积极推动行政单位财务会计工作的信息化进程，应该科学建构完善、系统的内控管理体系，不断加强内控管理与监督。在信息化背景下，行政单位的财务会计工作效率得到了

有效的提升，财务信息的公开透明化程度也有所增加，行政事业单位财务会计的各项业务都依托于网络来科学进行。若没有一个完善系统的内控管理与监督体系，不仅影响着行政单位的财务会计工作质量，同时也制约着行政单位财务会计的工作效率。因此，行政单位应该积极顺应信息化时代的发展要求，科学建构完善系统的内控管理体系，不断优化内控管理的氛围，明确内控管理的职责，特别是要依托信息技术来优化内控管理流程，确保各个部门能够及时将信息纳入管理系统中，切实提升内控管理的整体成效。与此同时，在信息化背景下，在行政单位依托于信息技术来进行财务会计工作的处理的过程中，可能存在着一定的风险。因此，行政单位有必要建立科学的内控管理与监督体系，有效防范与规避可能存在的风险。此外，依托于内控管理与监督，还能够提升财务会计的预算管理、核算等工作的质量，及时发现财务会计中存在的主客观错误与偏差。

（二）提升财务会计人员的信息素养

在信息化背景下，行政单位在开展财务会计工作的过程中，财务会计人员的信息素养优劣与高低，直接关系着财务会计工作的开展成效。因此，行政单位应该充分注重提升会计人员的专业素养，切实提升会计人员的专业能力，不断优化会计人员的信息意识及基本操作本领。一方面，行政单位应该积极迎合信息化时代的发展步伐，积极吸纳年轻力量来充实财务管理工作。行政单位可以采用"传帮带"的方式来切实优化财务会计人员的整体素养，通过"老带青"来发挥财务会计人员经验丰富的作用，帮助年轻财务会计人员快速成长，通过"青帮老"来引导年轻血液积极向年龄偏大的财务会计人员渗透信息化知识，帮助他们掌握基本的操作技能。另一方面，行政单位还应该建立健全人才培训体系，建构完善系统、常态长期的人才培训机制，定期组织财务会计工作人员参加财务会计、金融及互联网信息技术等不同专业的培训活动，拓宽财务会计工作人员提升自身专业素养、职业修养以及网络素养的途径。

（三）加强财务会计信息的共享与开放

在信息时代，行政单位应该积极顺应时代发展的潮流，不断转变传统的财务会计管理模式以及工作方法，充分依托信息技术来建构科学的财务管理信息系统，全面加强财务信息的共享与开放。一方面，行政单位应该结合自身的发展需要，积极建构科学的财务管理信息化系统，同时不断更新与增加财务管理制度的内容。另一方面，行政单位还应该积极倡导财务管理信息的公开与透明，督促财务会计人员积极利用信息技术来处理日常工作，积极将传统的纸质信息转变为电子信息，同时切实实现会计信息的共享与开放。此外，行政单位还应该主动建构信息公开机制，明确信息公开的范畴及信息公开的途径。

在信息技术全面快速发展的今天，我们已步入了"互联网+"时代，信息技术深深影响着人们的生产生活。在行政单位财务会计工作实践中，信息技术同样得到了充分的应用。行政单位应该充分结合财务会计信息化的建设进程中存在的问题和不足，通过完善内控管理、优化人员素养、加强信息公开等，整体提升财务会计的信息化水平。信息化应用随着技术的发展得到了广泛的普及，在生活和工作中，信息化能够增加便捷性，使工作的效率得到提高。使用计算机等进行工作，能够使工作中信息处理的速度和准确性得到提升，在行政单位财务会计工作中利用信息化技术能够使会计工作的质量得到提升，对财务的管理能够起到更加全面的作用。但是由于信息化应用在行政单位财务会计工作中还有一些不足，导致应用的效果不理想，需要通过有效的措施加强信息化应用，使会计工作能够得到改善，使行政单位的财务会计工作发挥出更好的作用。随着信息化技术的快速发展，多种软件应用得到了大量的开发，在财务会计工作中，使用信息化软件能够使财务管理的效率提高，促进财会工作的开展。通过信息化技术的利用，财务会计工作中的结算报表能够变得更加高效和准确，使会计工作人员的工作压力减少，能够使工作的质量得到提升。在行政单位财务会计工作中，由于需要处理大量的数据信息，会计工作增加了难度，而通过财务会计相关软件的使用，可以使会计工作人员的工作量得到减少，同时能够提高工作中数据的准确性，在各个级别管理部门的查看和审核过程中也能够更加得便捷简单，使工作人员的工作压力有效缓解，通过减少递送材料等步骤也能减少其中的成本，使行政单位财务会计工作的进度加快。因此，利用信息化软件等进行财务会计工作能够使财务部门的管理模式得到改善，使工作更加得严谨和科学，提高了整体的质量。

第五节　企业财务管理受会计信息化影响

信息技术环境对财务会计管理工作提出了新的挑战。要应对这种新挑战，我们应认清会计信息化对企业财务管理各方面的影响。针对影响，要不断优化财务管理体系；要革新财务管理理念与方法；要建立科学完善的内部控制机制。做到这几方面，才能为企业的健康发展打下坚实的基础。

企业的发展壮大，离不开高质量的财务管理工作，作为财务管理最核心内容的会计，正搭乘信息技术的快车，获得了高速的发展。但信息技术引入财务会计，一定程度上增加了财务管理的难度和挑战性。所以，研究企业中的财务会计信息化造成的影响，能让企业经营活动更加具有竞争力，使企业在更快、更稳的道路上不断发展壮大。

一、会计信息化对企业财务管理各方面的影响

（一）对会计核算与资金流转的影响

会计工作进入信息化的时代，使企业的财务管理产生巨大的变革。其一，会计的信息化对会计服务的主体会产生一定的影响，比如某些网络商店的出现；其二，会计的信息化

亦会对会计分期产生一定的影响；其三，会计的信息化使现金流转的方式出现重大变化，由实体现金流逐渐转变为网络虚拟现金流。不难发现，传统的财务会计管理模式已经不能适应现代企业对财务管理提出的新要求。与信息技术改变人类的生活习惯一样，会计信息化也快速地改变了财务人员的理念与行为。比如，传统的企业间现金交易逐渐减少，资金结算更多采用微信或支付宝等方式进行转账，这类新型的资金流转方式通过网络即时完成，使资金流转更快，交易更便捷、更安全。

（二）会计信息化影响会计的传统功能

传统的会计工作，企业的财务会计工作者主要通过对企业经营事项进行确认、计量、记录，期末会计工作者将会计报表呈报领导进行审阅。企业管理者通过财务报表了解企业的经营情况及资金流转情况，并依据对报表数据的分析，调整企业的经营策略等。信息技术支持下的会计工作，不再是简单的财务报表制作，财务人员借助信息技术对数据之间的逻辑关联进行自动分析，从而挖掘出有利于管理者科学决策的有价值的信息。随着各类功能更强大的会计电算化软件的出现，会计工作的效率显著提高。会计人员已从繁琐的核算工作中解放出来，更多的是进行财务数据的分析与利用。由于网络技术的飞速发展，会计信息分析的结果，通常能在第一时间传递到管理层，保证了会计信息的使用价值，有利于企业经营的即时监控调整，一定程度上可以避免出现各类财务及经营风险。

二、针对会计信息化的新影响，企业财务管理的应对之策

（一）不断优化财务管理体系

财务管理的目标，就是管好企业经营发展所需要的各类资源，为企业的发展提供充分的后勤保障。怎样管好企业的钱，管好企业的物，使钱和物尽其用，发挥最大的功能，为企业创造出利润呢？首先，财务管理人员要严格对进出的资金流进行监控。企业工作人员提出资金需求时，应当具备真实完备的手续，要坚持严格监督，做到资金的合理科学使用。现阶段，企业财务管理由于信息化技术的引入，审核、检查的环节已经由"线下"慢慢过渡到"线上"，当面审批变成网络审核，这种转变能够加快资金的审批速度，确保了资金的使用时效。值得注意的是，会计监督的网络化也存在一定的安全风险，财务管理部门应当与信息技术安全部门密切配合，以提高财务管理工作的安全性，避免出现信息技术环境下新的财务风险。

在信息技术环境下，财务会计管理内容的重点也应当合理转移。一是利用信息化技术可以更加方便地监控财务风险，财务人员应当熟练掌握信息化环境下财务预测与评估的技术，帮助企业降低财务风险。二是将传统的会计记账工作进一步转移到对信息技术的依赖上，提升核算的速度和准确度，减少人工核算可能出现的差错。三是在财务管理系统中充分结合现代网络通信技术，加快对财务信息的利用，保障企业管理的及时性和有效性。

（二）革新财务管理者的理念与方法

传统的企业财务管理，相对而言更关注"物"的管理，对人的管理处于次要地位。以"物"为中心的传统财务管理理念已经过时，在信息时代这种理念已经严重束缚了企业的发展。所以，现代企业已经由"物"为中心，变成"物"和"人"的管理并重。

信息技术下，如何把人管理好，是现代财务管理成败的关键。首先，现代企业财务管理采用"以人为本"的理念进行人才的管理，重视发挥人的主观能动性。要制定科学合理的激励制度，对财务管理人员进行"物质"和"精神"的双重激励，驱动他们努力为企业而工作。其次，财务管理者应当重视对会计人员进行信息技术的培训，让会计人员熟练准确地运用信息技术开展会计工作，从而保障财务管理工作实现优质高效。最后，财务管理者也应当重视专业信息技术人才的在财务管理系统中的配置，要让信息技术人才懂财务，让会计人才懂信息技术，从而培养出适合企业需要的"复合型"人才。

（三）建立科学完备的企业内部控制机制

企业管理必须要有适当的内部控制机制，所以，建立完善的内部控制制度对企业的健康发展非常重要。应该用制度来规范人、控制人的行为，即所谓的"法治"；千万不可循人情，实行"人治"的管理办法。须知，人都有利己的天性，完全靠道德的约束是不能管理好企业的。企业的资金，哪怕再小、再少，都要完全按照严格的财经程序进行流转监督，否则，企业的财务管理很可能形成各种漏洞，给一些人可乘之机，使他们追求变相的利益，从而使企业蒙受损失。所以，科学的财务管理，完善的内部控制机制，是信息技术环境下财务管理应当重点关注和解决的问题，解决这些问题才能保障企业走在可持续发展的道路上。

总之，在信息技术环境下，对财务会计管理工作提出了新的挑战。要应对这种新挑战，我们应认清会计信息化对企业财务管理各方面的影响。针对影响，要不断优化财务管理体系；要革新财务管理理念与方法；要建立科学完善的内部控制机制。做到这几方面，才能为企业的健康发展打下坚实的基础。

第六节　信息化环境下的财务会计改革

当今社会，信息化大幅发展，信息化程度不断加深，逐步影响社会生活的方方面面。很多行业发展的重点都转而基于信息化改革的基础，对于财务会计的进一步改革，信息也承担了至关重要的作用。我们也应该看到，信息化的快速发展，给企业发展提供了诸多便利，但是信息化也给财务会计的发展带来了负面问题，本节主要是衡量在信息化环境下，财务会计面临的困难，并为财务会计的改革提供方向，更好地发挥信息化对财务会计的推动作用。

在过去，传统的财务会计理论基础的建立都是从当时的经济环境中成立的，而且很大一部分是与工业时代的经济环境息息相关的。但是在分析过程中一定要把决策、控制和分析进行渗透，才可以实现目标。而且要从会计到管理、监督和协调，实现转型。在现代发展的基础上，它是互联网的增强版本，同时这也是非常复杂的计算过程。可以想象一下，如果在企业的财务核算中运用信息化技术，也会对信息化发展提供推动力。

一、信息化环境下的会计目标及会计信息质量特征

（一）网络信息时代的会计目标

目前来看，对于很多使用会计信息的人来说，他们最需要的信息应该具有及时、相关、可靠的特性。在现如今这个网络信息急速发展的时代，如果可以通过网络技术获得相应的支持，再通过需求来制订当前的发展目标，做出相应的决策，可以做到事半功倍。站在信息使用者的角度看问题，目前很多企业在发展过程中，一些宏观和微观条件都已经发生了很大的改变。这种变化通常情况比较复杂，同时还极大地影响了企业面临的诸多问题，这就要求企业一定要抓住问题精髓，及时解决问题，真正做到根据因素的变化，随时进行修改做出的各项决定。如果网络信息技术的发展可以提供保障，同时还可以满足企业复杂的、全面的和实时的信息需求的话，那么对于企业的内部信息使用者来说，他们就可以根据会计信息系统提供的会计信息，做出有效的决策。这样可以更好地降低企业的经营风险，保证企业的良性运转。

（二）网络信息时代的会计信息质量特征

从当前的发展状况来看，网络信息时代在会计信息质量特征上体现出的就是在会计信息方面进行的提高。而且在目前的网络环境下，企业信息系统呈现出的一个特性就是高度集成。所以由此也可以看出会计信息的安全性、相关性、可靠性是特别重要的。因为目前会计信息的生产、存储、保管、传输一般都是在网上进行的，很少会以纸质的形式存在。但是在网络运行过程中，具有很多威胁到安全的因素，而且一旦发生问题，造成的后果是难以想象的。对于用户来说，基础质量也是需要重视的，要保证信息具有一定的可理解性，同时在可支持性方面也要得到保障，这样可以根据用户的自身需要，得到需要的那部分会计信息。这一方面一般都是从总体质量方面来说的。信息化不仅是针对财务工作者的，同时对于投资者、债权人来说也是非常重要的，它可以快速地为使用者提供一些有用的会计信息。而且更大的益处是可以向管理者提供信息，以此来对其进行整合，及时做出相应的决策调整，防止出现问题。对于关键质量的构成部分一般来说都是具有可靠性的，或者是交互作用的质量方面。除了这些意外，还会有谨慎性、反映真实性等，与此同时虽然安全

性、中立性和可控性指标看起来不太重要，但是还是要关注的，因为它可以更好地保证信息产品在使用过程中没有潜在的问题。

二、信息化环境下财务会计改革中出现的问题

（一）传统从业人员的信息化素质不高

传统从业人员对信息化大环境了解不深，改革要从基层工作人员下手。这种问题出现的主要原因就是很多员工面对快速发展的信息化技术，接受能力差，又不积极主动地学习，思想还停留在传统的会计结构中。这样会在很大程度上影响新技术在财务会计工作中的应用和推广。

（二）信息化增大了财务会计管理的风险性

信息化技术从根本上来说其实就是一种互联网技术，或者是由此进行改变而来的，互联网最大的优势就是信息化、数字化，所以从某种程度上来说，互联网技术与信息化技术息息相关。如果互联网安全受到影响，那么使用信息化技术的部门也会相应地受到一定的影响。目前对互联网安全造成威胁的主要是两个不稳定因素：病毒与黑客。这也正是信息化环境自身的危险性所在。一旦病毒或者黑客突破互联网防火墙进入公司的内部系统，企业自身的安全必然无法得到保障。

（三）系统的信息化财务会计管理体系还没有建立

尽管信息化建设已经进行了较长一段时间，但是一个系统的、相对来说比较完善的信息化环境还没有建造出来。企业在进行财务会计管理的过程中，往往只在基础的方面进行了参考，而没有把信息化技术融入整个会计行业的建设体系中，缺少整体的把握与规划，没有明确的工作方向，这样无法促进现代化的财务会计改革顺利进行。从整体来看，财务会计的改革并没有自上而下、由表及里地形成一个良好的系统。

三、信息化环境下财务会计的改革方向

（一）现有会计业务流程的变革

会计业务流程是为实现会计目标服务的，其与会计所依赖的技术手段一起成为会计目标的实现途径。在网络信息环境下，原有的技术手段和会计业务流程无法满足会计信息使用者日益增长的对会计信息质量和形式的需求，这也是目前的原始成本会计模式受到批评和责难的原因所在。

分工需要将某个过程分解为特定的个体操作，并认为管理活动的重点是提高个体操作的效率。然而，这种所谓的详细的组织结构也导致了各个子系统之间的相对分离，形成了独特的"孤岛"现象。

（二）会计业务流程重组的策略和方法

现有的会计业务流程将是新业务流程中的子流程，即实施管理方面，实现责任分工制。原始成本会计仍然是新流程的重要组成部分，但并非全部。因此，会计业务流程的重组是一个刨除不好的部分的过程，实现整个过程的重大突破。在以电子商务为主要运营模式的网络信息环境中，由于网络技术的发展，企业交易过程在网上进行。因此，这些经济交易基于各种电子文档，并且在传递给公司过程中可以毫不拖延地延迟网络。

（三）企业要健全信息化的安全体系

当前信息化主要具有的优势就是有安全性和可靠性，这也是为什么他们会选择进行升级会计信息系统的一项根本原因。但是现如今科技的不断发展，信息化这个时代逐渐衍生出很多新型的东西，而且这些产品无论是在安全性和可靠性方面都具有很大的空间，更加符合当前发展的需要。首先，权限设置，信息化会计信息平台，设置人在不同级别的权限，从根源提高安全。同时还可以对将储存在服务器上的数据进行特殊加密，加密的结果只能由少部分人掌握，或者由领导掌握，这样才可以更好地做到防止数据信息泄露，危害公共安全。

（四）进行个性化服务

对于一些企业来说，特别是对于一些中小型的企业来讲，在进行信息化的发展过程中，经常会有一些业务模块没有太多的实际效果。特别是对于一些大型或跨区域的企业来说，它们具有很多不同的分支机构，但是这些机构分属于不同的地区，每个区域的实际情况都有不同。对于会计信息化建设来说，在对信息化的应用程序设计的过程中，可以通过企业的不同情况进行设计，使得其服务模块符合地区的发展需要。同时还可以实现每个企业都有自己的个性化服务，都是与众不同的。

（五）加强专业素质，培养专业人才

想要把信息化水平提高到一定高度，首先就需要对信息化当前的环境进行改善。最根本的就是从业者的素质，这在任何行业中都是非常重要的，一定要做到以人为本。要从根本上改变财务会计的思想意识，让他们可以看到信息化改革的重要性，同时也要让他们更多地享受信息化技术带来的便利。在招募新员工方面，争取招募到更多优秀的人才。

（六）提高网络防御能力，重视网络安全

实现信息化的关键之处就是对网络安全进行维护，构建财务会计管理信息化环境是更为重要的。换句话说，如果企业想更好地利用信息技术带来更大的经济效益，必须从根本上维护网络安全。同时也要从技术上入手，组织专业的团队，加强网络防护，针对可能出

现的不同问题事先提出不同的应急方案，以免危险事件突然发生时束手无策。

（七）多方共同努力，建立完善的信息化管理制度

目前很多机构的主要目的就是想要建立一个合理的、完善的财务会计信息化大环境。这种环境的建立除了必要的人才支持与技术支持外，也需要大家共同努力。在国家层面，要尽早完善相关法律法规，给整个行业制定准则、提供标准，从大的角度把握好整体方向。从企业的角度来说，一定要严格遵守相关的法律法规，同时也要认清自己的发展状况，根据自身的发展状态，从实际出发，制定出符合实际情况的规章制度。

总而言之，信息化技术如果可以达到持续发展的状态，对于企业的财务会计工作来说将会非常快捷高效。但在实际操作过程中，由于它包括很多方面的内容，例如人才、技术、体制等，所以难以兼顾到每一方面，出现问题的情况也是非常有可能的。我们还必须从一个大的角度开始，有一个全球性的概念。提高顶部的相关规章制度制定，为企业信息化改造提供良好的土壤。目前经济得到快速的发展，过去的手工核算方法已经不能满足当前的发展了，只有在信息化环境下，提升企业应用信息化的能力转而对财务会计进行改革，才更有利于做出有利决策，实现企业的长远规范发展。

参考文献

[1] 王靖涵.财务会计与管理会计融合发展分析 [J].合作经济与科技，2019（6）：186-187.

[2] 余和森.论财务会计与管理会计的融合 [J].现代营销（下旬刊），2019（2）：232，1234-1235.

[3] 余秦.新经济形势下企业财务会计与管理会计融合发展 [J].现代营销（下旬刊），2019（2）：230-231.

[4] 孙雅琼.财务会计与管理会计的融合研究 [J].财会研究，2015（8）.

[5] 余宏波.管理会计与财务会计在财务管理中的运用研究 [J].财会学习，2019（32）.

[6] 袁守亮.财务会计与管理会计的融合探索 [J].中国商论，2017（33）.

[7] 程晓鹤.管理会计与财务会计的融合探讨 [J].宏观经济管理，2017（S1）.

[8] 陈琳.管理会计与财务会计的融合探讨 [J].信息记录材料，2018，19（1）.

[9] 景秋云，姚好霞.法务会计在治理上市公司财务舞弊中的作用 [J].山西省政法管理干部学院学报，2019，32（4）.

[10] 王鑫.事业单位财务会计与企业财务会计的区别 [J].经济视野，2014（24）：316.

[11] 陆小英.浅谈事业单位会计、行政单位会计与企业会计的异同 [J].现代经济信息，2011（20）：192-192.

[12] 白华.事业单位会计与企业单位会计财务处理的比照 [J].企业改革与管理，2015（8）：128.

[13] 杨艳姝.企业财务会计与事业单位会计的区别分析 [J].投资与创业，2017（10）：80.

[14] 秦飞.浅谈加强行政事业单位内部会计控制措施研究 [J].财会学习，2019，222（13）：139-140.

[15] 郭永凤.试论企业财务会计与事业单位会计的区别 [J].财经界(学术版)，2017(2)：190.

[16] 李莉.事业单位会计与企业会计的区别 [J].环球市场信息导报，2017（41）：130.

[17] 程日光.财务收支审计中的分析与思考：基于基本建设财务收支审计 [J].现代商业，2017（10）.

[18] 丁旭.国有企业领导人员经济责任审计风险控制措施分析 [J].企业改革与管理，

2017（2X）.

[19] 苏三芬. 建设项目管理审计的内容和管理策略 [J]. 住宅与房地产，2018（15）.

[20] 饶碧芳. 新常态下企业审计工作的要点研究 [J]. 中国国际财经(中英文), 2017(14).

[21] 张馨. 企业内部财务管理审计的探讨 [J]. 中国乡镇企业会计，2017（7）.

[22] 张颖. 财务稽核与审计工作相结合的新型管理模式 [J]. 农电管理，2017（12）.